Gian Carlo Caselli

Le due guerre

Perché l'Italia ha sconfitto
il terrorismo e non la mafia

Postfazione di Marco Travaglio

Melampo EDITORE

Copertina di Daniele Ceccherini

Prima edizione: maggio 2009
Seconda edizione: luglio 2009
Terza edizione: novembre 2009
Quarta edizione: dicembre 2009
Quinta edizione: dicembre 2009

ISBN 978-88-89533-39-0

via Cappuccini, 4 - Milano
www.melampoeditore.it

A Paolo e Laura,
la mia memoria emotiva

Indice

Nota introduttiva

Febbraio 2004, Roma, Lungotevere De' Cenci, sede dell'Ordine nazionale dei giornalisti. È in corso una sessione d'esame per l'ammissione all'Albo. Un candidato mediamente giovane si presenta all'orale. Lo scritto, fortunatamente, è andato bene. L'esame da giornalista professionista non è certo paragonabile ad altri ben più impegnativi, ma è pur sempre un esame di Stato. Anche l'orale sembra filare liscio, fino all'ultima domanda, quella del commissario più temuto tra gli aspiranti professionisti che non hanno studiato legge: il magistrato. Ma il candidato mediamente giovane è laureato in Giurisprudenza, non dovrebbe temerlo.

Il magistrato formula la domanda con un sorriso sulle labbra: «Mi parli delle direzioni distrettuali antimafia». Il candidato risponde balbettando anche se la domanda può sembrare un colpo di fortuna, perché il candidato mediamente giovane ero io, Stefano Caselli, figlio dell'autore di questo libro (al quale ho tentato di dare una mano). L'esame ha avuto lo stesso un buon esito, ma ricordo (almeno così mi sembra) il magistrato della Commissione abbandonare l'aula a metà tra lo scandalizzato e l'offeso.

È la prima cosa che, quel giorno, racconto al telefono a mio padre. Una storia troppo divertente per essere taciuta. Sufficiente tuttavia per riflettere un po'. Fin dalla tenera età (lo stesso potrebbe dire mio fratello Paolo) mi sono sentito rivolgere domande sul genere «che effetto fa essere figlio di...». Ho sempre risposto «normale», per poi scoprire – ben oltre i trenta – che tanto normale probabilmente non era.

Forse è nata quel giorno l'idea di scrivere insieme questo libro. C'è una parte della storia raccontata in queste pagine (gli anni Settanta, il terrorismo) che mi ha sempre affascinato e sulla quale ho lavorato abbastanza. La mafia no. Dall'argomento mafia, più o meno inconsciamente, mi sono spesso tenuto in disparte. Anche per questo motivo non ho saputo rispondere alla domanda d'esame.

Non avevo ancora 18 anni quando, nel gennaio 1993, mio padre diventava procuratore capo di Palermo. È un'età in cui spesso i figli mandano a quel paese i propri genitori. Io, con un padre (e una madre) in guerra, per di più dalla parte giusta, non potevo farlo. E forse mi sono difeso – chissà quanto efficacemente – frequentando territori di consapevolezza a bassa intersezione.

Ma sono anche un giornalista, mestiere che talvolta dà il privilegio di raccontare storie. E io le storie le avevo in casa. Una sciocchezza farsele scappare. Così abbiamo tentato di ricostruire, insieme, trentacinque anni di storia italiana. Questo libro non è un "dietro le quinte", per il semplice fatto che Gian Carlo Caselli è sempre stato in prima fila. E come tale racconta, rigorosamente fedele – si intuisce subito – a una ferrea deontologia professionale.

In realtà credo che anche lui, nel corso degli anni, abbia costruito alcune difese, sviluppando una memoria emotiva parzialmente selettiva, che gli ha consentito – e gli consente tuttora – di rimanere in prima fila. Ho tentato in tutti i modi di "estorcergli" particolari romanzeschi, poi ho capito l'inutilità di questo sforzo. La sola testimonianza, infatti, è già di per sé sufficiente a ricostruire la storia di un'esperienza unica: quella di uno dei principali protagonisti della lotta al terrorismo e alla mafia.

Stefano Caselli

1.
Per caso, per scelta

Cinque minuti soltanto.

Eppure mi basterebbe bussare alla porta. Fuori ci sono i carabinieri e il collega Bruno Caccia, pronti ad aprire. Ma non resisto nemmeno cinque minuti.

Autunno 1974, Sarezzano, pochi chilometri da Tortona, provincia di Alessandria. Troviamo la villa isolata dove, per trentasei giorni, dal 18 aprile al 23 maggio di quell'anno, le Brigate rosse hanno tenuto prigioniero il magistrato genovese Mario Sossi. È il primo, vero "attacco al cuore dello Stato" delle Br, la prova generale – quattro anni prima – dell'attentato di "geometrica potenza" contro l'onorevole Aldo Moro e la sua scorta.

In un sottoscala, pezzi e lastre di eternit accatastati e numerati. In pochi minuti, seguendo la numerazione, si ricostruisce la cella di Sossi. Caccia e io – prima lui, poi io – chiediamo ai carabinieri di essere chiusi in questo minuscolo cubo.

Cinque minuti soltanto. Non resisto di più. Bastano 300 secondi per realizzare, toccare con mano, come la mancanza di spazio e di aria creino un intollerabile senso di oppressione e asfissia. La prigionia, in quello stato, non può che renderti condizionato e sempre più condizionabile.

Da quel giorno ho deciso: avrei sempre voluto sapere soltanto l'indispensabile per fare bene il mio lavoro, null'altro. Per paura – un domani – di lasciarmi scappare (se mai fossi venuto a trovarmi nelle condizioni di sequestrato, come il collega Sossi) più di ciò che non potevo non sapere.

Per abitudine (è nel dna del mestiere di magistrato) sono portato a parlare soltanto dei fatti che ho potuto constatare, vedere come sufficientemente riscontrati. Le ipotesi socio-politiche, i retroscena e le dietrologie – esercizi di analisi e conoscenza spesso importanti – non mi appartengono. Sono un magistrato.

E in questo strano Paese, ai magistrati, è capitato di trovarsi in guerra.

Nel 1974, forse non lo sapevamo ancora o lo avvertivamo solo confusamente, eravamo in guerra. O meglio: eravamo protagonisti, e piuttosto impreparati, di una guerra che qualcuno – unilateralmente – aveva voluto dichiarare. Qualcuno che, dal mondo parallelo e cupo della clandestinità, stabiliva quali nemici meritassero di morire ammazzati e quali di vivere storpiati dalle "gambizzazioni". E avrebbe messo in pratica questo disegno in maniera spietata, per oltre un decennio.

Una guerra, quella al terrorismo (per così dire "storico"), che l'Italia ha saputo vincere. Non lo stesso può dirsi di un'altra, ben più complessa e ramificata: la guerra alla mafia. Ho preso parte, come magistrato, a entrambe. Insieme a decine di colleghi, centinaia di uomini della polizia e dei carabinieri, milioni di italiani.

Diceva Giovanni Falcone che ci si occupa di mafia un po' per caso, un po' per destino. A me, questo intreccio di caso e destino, è capitato con il terrorismo di sinistra.

Nel 1973 ero giudice istruttore a Torino. Le prime azioni delle Brigate rosse erano attentati contro cose: sabotaggi, incendi in stabilimenti industriali. Poi il salto di qualità con i sequestri "mordi e fuggi" di capireparto e sindacalisti di destra, "interrogati" e liberati dopo poche ore, ma esposti – secondo la logica terroristica – alla pubblica gogna. Così, a Torino venne rapito, il 12 febbraio 1973, il sindacalista della Cisnal Bruno Labate, sequestrato al mattino sotto casa, sottoposto a "processo proletario", fotografato e rilasciato di fronte ai cancelli della Fiat

Mirafiori, incatenato a un palo, con un cartello appeso al collo e la testa cosparsa di pece. Alla fine dell'anno, le Br di Torino colpirono ancora più in alto. Sequestrarono un importante dirigente Fiat, Ettore Amerio, e lo tennero prigioniero per ben otto giorni, dal 10 al 18 dicembre 1973, pretendendo in cambio la revoca della cassa integrazione.

I fascicoli Labate e Amerio finirono sulla mia scrivania, assegnati dal capo dell'ufficio Istruzione, Mario Carassi. Delitti gravi, ma non sembravano più gravi di tanti altri che avevo in carico. Ricordo ancora, con un certo imbarazzo, l'incontro con Amerio, dopo la sua liberazione, per il primo esame testimoniale. Mi presentai incautamente con un dolce vita rosso fuoco, sicuramente il biglietto da visita meno indicato per un uomo che, per oltre una settimana, era stato oppresso da quel colore. Il rosso che incombeva dalle pareti della sua cella. Il rosso del drappo con la stella a cinque punte.

Indagando sul sequestro Labate, capitò che – grazie a un'impronta digitale lasciata su un'automobile usata dal commando – la polizia risalisse a Paolo Maurizio Ferrari, uno dei "capi storici" delle Brigate rosse. Ferrari venne arrestato a Firenze il 29 maggio del 1974, in esecuzione di un mio mandato di cattura.

In tasca, Ferrari aveva un volantino che rivendicava il rapimento di Mario Sossi, liberato a Milano pochi giorni prima. Volantino sicuramente autentico, in quanto battuto con la macchina per scrivere usata dalle Br durante quel sequestro.

La Corte di Cassazione affidò il caso alla magistratura torinese (applicando il principio secondo cui i processi riguardanti un magistrato debbono essere trasferiti in un distretto diverso da quello in cui lavora).

Il caso, in questo frangente, si chiama "connessione oggettiva". Mio il fascicolo Labate; mio ora anche il fascicolo Sossi.

Da quel momento divenni il giudice istruttore delle Brigate rosse. Prima da solo, poi in *pool* con altri colleghi di Torino. E lo sarei stato per una decina d'anni, per le Br e per un'altra pericolosissima banda armata di sinistra, Prima linea.

Da quel momento comincia la mia vita blindata. Da quel momento, tutto cambia.

Ma si va in guerra anche per scelta. Come a Palermo. E se il caso ha un nome tecnico ("connessione"), la scelta ha un nome proprio, anzi, quattro: Emilio, Guido, Giovanni e Paolo.

Emilio Alessandrini e Guido Galli, i magistrati milanesi assassinati da Prima linea nel 1979 e nel 1980.

Io e altri, a Torino, facevamo il loro stesso lavoro ma avevamo la scorta. Ho sempre pensato che i terroristi li abbiano colpiti non solo perché erano eccezionalmente bravi ma anche perché non erano protetti. Attaccando loro si rischiava di meno e si screditava lo Stato in quanto incapace di difenderli. E noi che avevamo la scorta abbiamo sempre pensato che, in sostanza, fossero morti anche al posto nostro. Di qui un debito nei loro confronti.

E poi Giovanni Falcone e Paolo Borsellino, colleghi che invano avevo cercato di difendere dagli incredibili attacchi della maggioranza del Consiglio superiore della magistratura, di cui avevo fatto parte dal 1986 al 1990. Colleghi di cui ero diventato amico. Colleghi poi massacrati da Cosa nostra nelle stragi del 1992.

Vado a Palermo con questi quattro nomi in tasca.

È il momento di rimettersi a disposizione. Sono un magistrato. Come i colleghi uccisi.

2.
Una vita blindata

La mia vita – e quella della mia famiglia – cambia quel giorno di maggio del 1974.

Per mia moglie Laura, insegnante, sembra una giornata qualunque, eguale alle altre. Una rapida riassettata alla casa, Paolo (nato nel 1970) da portare all'asilo, poi di corsa a scuola per qualche ora di algebra e geometria. Al ritorno, in panetteria, si intrecciano commenti – incuriositi e perplessi – sulla presenza di un agente in divisa che, da qualche ora, staziona di fronte al civico 45. Eppure, nella via, nulla è accaduto. Anche mia moglie si interroga. Saprà da me poco dopo che mi è stata assegnata una scorta.

Mio il caso Labate, miei soprattutto i casi Amerio e Sossi, rapimenti che avevano tenuto Torino e l'Italia con il fiato sospeso – tra minacce, trattative, ricatti e possibili scambi – per settimane.

Da allora vivo sotto scorta. Sempre guardato a vista da uomini risoluti ma cordiali, che i miei figli – Stefano nascerà nel 1975 – finiranno per chiamare affettuosamente "gli amici".

Naturalmente la scorta non è sempre stata la stessa e tra Torino e Palermo le differenze sono fortissime. Ai tempi del terrorismo, sostanzialmente, era organizzata così: io viaggiavo all'interno della mia auto privata, dietro mi seguiva una macchina della polizia con quattro uomini a bordo, autista più tre, ventiquattr'ore su ventiquattro, ovunque mi spostassi in Italia. Rispetto a Palermo, un servizio ridotto, ma indubbiamente efficiente.

A Torino la mia auto potevo anche guidarla. Cosa che poi, nella blindatissima vita palermitana, non mi fu più concessa. Per sette anni. Non facile per me, figlio di un autista. E oggi causa di frequenti sfottò da parte di mia moglie, spesso critica perché convinta – ora che ho ripreso a guidare – che io abbia disimparato.

Agli uomini delle scorte devo la vita. Almeno due volte l'ho potuto toccare con mano, constatandolo con certezza assoluta (e con qualche brivido retrospettivo). Le Brigate rosse volevano assassinarmi. Nome in codice dell'operazione "Casella postale". Così era intitolato un dossier sequestrato in un covo di Torino, ricco di minuziose annotazioni (in brigatese "inchiesta") su orari, spostamenti e abitudini della mia giornata. Parlandone con Patrizio Peci, il primo grande pentito della storia del terrorismo, saprò che il progetto di attentato era ormai arrivato alla fase esecutiva. Il commando Br aveva constatato che la mia automobile – e davvero vengono i brividi, perché la dinamica era la stessa che aveva permesso a Prima linea di uccidere Emilio Alessandrini – per svoltare a sinistra, in corrispondenza di un semaforo a poche centinaia di metri da casa mia, doveva necessariamente bloccarsi per alcuni minuti, in una direzione o nell'altra.

Ma la sosta obbligata avveniva di fronte alle vetrate opache di un ristorante: di qui il timore che qualche poliziotto potesse essere appostato anche dietro quelle vetrate, oppure che, sparando, potessero essere coinvolti dei civili (in fondo i terroristi erano convinti, unilateralmente, di essere in guerra). In realtà, l'operazione non è mai stata portata a termine grazie all'efficienza della mia scorta.

I brigatisti avevano notato che i ragazzi – e questo lo ricordano bene anche i miei figli – erano molto vigili, non stavano semplicemente seduti in macchina. In particolare, i due sul sedile posteriore viaggiavano inginocchiati a mitra spianati, guardando di lato e attraverso il lunotto posteriore. C'era la certezza di uno scontro a fuoco, per cui furono costretti a rivedere il loro piano, programmando un impiego più massiccio di uomini.

Ricordiamo tutti l'agguato di via Fani, quando la scorta dell'onorevole Moro venne sterminata senza reazione (molte armi erano nel bagagliaio). O il povero Antioco Dejana, autista del procuratore generale di Genova Francesco Coco, freddato mentre era seduto sulla sua auto in sosta. Di fatto, la necessità di ripensare i piani di "Casella postale" aveva comportato prima il rinvio dell'attentato, e poi, grazie agli arresti di alcuni importanti brigatisti torinesi, da Raffaele Fiore fino a Patrizio Peci, il suo abbandono definitivo.

Quando in seguito commenterò con Peci la vicenda, gli contesterò scherzando che la denominazione "Casella postale" mi era sembrata troppo poco epica. Il motivo, mi spiegherà Peci, era in realtà banale: l'inchiesta era stata condotta da un militante "irregolare" (brigatista *part time*, non clandestino) che di mestiere faceva il postino.

Anche Prima linea voleva eliminarmi e anche quel progetto era arrivato alla vigilia dell'esecuzione. Lo avevano chiamato "Operazione autostrada" (autostrada, Caselli: quanto a fantasia, i terroristi non erano dei maghi). I pentiti di Pl – a partire da Roberto Sandalo – mi riveleranno che l'azione era in programma per il marzo del 1979, più o meno nello stesso punto individuato dalle Brigate rosse. Tutto saltò perché pochi giorni prima – il 28 febbraio 1979 – due membri del commando destinato a colpirmi, Matteo Caggegi e Barbara Azzaroni, erano morti in un conflitto a fuoco con la polizia al bar dell'Angelo, periferia nord di Torino, dove gli agenti erano giunti a seguito di una telefonata.

Una storia davvero maledetta, che si porterà dietro prima un agguato per rappresaglia contro la polizia, l'8 marzo 1979 (scontro a fuoco in cui muore un passante, Emanuele Jurilli, ragazzo di appena 17 anni), e poi l'assurda spedizione punitiva del 28 luglio dello stesso anno contro il proprietario del bar dell'Angelo, Carmine Civitate. Stupidamente e falsamente accusato di essere stato la spia, l'autore della telefonata. Accecati dall'odio e dalla voglia di vendetta, i "guerriglieri" di Pl non si erano neanche accorti che Civitate il giorno della morte di Caggegi e Azzaroni non era ancora il proprietario, né lavorava in quel bar.

Tragedie, morti assurde. Ma come talora accade, col dramma e la violenza possono anche intrecciarsi aspetti farseschi. Quel giorno di febbraio del '79 un giovane carabiniere bussò alla porta di casa mia e la signora Antonietta (che è con noi da sempre) non gli aprì, perché queste erano le istruzioni. Il carabiniere quasi buttò giù la porta, convinto di trovare un covo di terroristi. A casa mia (sul campanello non c'era nome) lo aveva portato un bigliettino trovato in tasca a Caggegi con un numero di targa, la Fiat 128 intestata a mia moglie col suo nome da nubile.

Vivere con la scorta comporta inevitabilmente enormi tensioni. Impossibile, per me e mia moglie, tenere fuori i nostri figli. All'inizio (sperando che tutto sarebbe finito abbastanza in fretta) ci abbiamo provato. Ma invano. Ricordo distintamente una domenica mattina, con Paolo che strillava: «Aiuto, i brigatisti mi bruciano la capanna!». Allarmati, ci precipitammo nella sua stanza, cercando di capire il perché di quella espressione e, soprattutto, di tranquillizzarlo: «Non ci sono i brigatisti, non esistono». E lui, candidamente: «E allora perché mi dite di stare zitto ogni volta che ne parlano al telegiornale?». Qualche anno dopo toccò a Stefano. Stava guardando in televisione *Novantesimo minuto* (la passione per il calcio e per il Toro non è stata difficile da trasmettere). A un certo punto, io ero in bagno a radermi, corse a raccontarmi quello che aveva appena visto:

«Papà, allo stadio di Bergamo si sono picchiati».

«Ah!».

«Poi un signore ha sparato in aria e i brigatisti sono scappati».

«Come?!?».

Quella parola – seppure in un'accezione un po' estesa, comunque associata a manifestazioni di violenza – era entrata nel suo vocabolario e nei suoi pensieri.

Fortunatamente i miei figli hanno sempre avuto un ottimo rapporto con gli "amici". A scuola ci andavano da soli, anche per non turbare la serenità delle mamme (qualcuna si era lamentata) che non gradivano la presenza di uomini armati. La scuola elementare di Stefano era a pochi isolati da casa. Ci andava a piedi, e quando usciva mia moglie e io lo spiavamo attraverso le fessure della tapparella di casa. A volte i ragazzi della scorta erano già sotto, ad aspettarmi. Un giorno Orazio, un poliziotto con cui Stefano aveva legato in modo particolare, dall'altra parte della strada finse di dirgli qualcosa mentre in realtà (vecchio trucco) borbottava parole incomprensibili. Al secondo o terzo scherzo, Stefano sbottò in un deciso: «Orazio, ma vaffa...», scatenando risate fra i poliziotti e nello stesso tempo – paradossalmente – rincuorando noi genitori: il rapporto con la scorta era vissuto allegramente.

Una scorta efficiente, quella di Torino, capace anche – quando il lavoro lo esigeva – di un *pressing* asfissiante, ma senza mai dimenticare i rapporti umani, compresa la battuta in grado di alleggerire o svelenire momenti difficili. I ragazzi sostenevano, ad esempio, che i maggiori pericoli – con me – li correvano allo stadio, a causa delle mie intemperanze di tifoso granata. E dire che avevo persino rinunciato alla grande festa del maggio 1976, il primo (e purtroppo unico) scudetto del Toro dopo Superga, vinto ventiquattr'ore prima dell'apertura del processo ai "capi storici" delle Brigate rosse.

Quei poliziotti erano quasi tutti sardi, ragazzi particolarmente bravi e capaci. Poteva capitare che il Cagliari vincesse una partita con il Torino: quelle domeniche – stranamente... – passavano un po' tutti a citofonare, con la scusa di offrire il loro servizio anche fuori turno. Così, tanto per sentire come stavo e di che umore ero.

Quando, nel gennaio 1993, mi trasferisco a Palermo, la situazione, per quanto riguarda la mia tutela, subisce un radicale cambio di registro e si fa infinitamente più complicata.

Sapevo bene quel che mi aspettava. Ero perfettamente consapevole che la scelta di raccogliere l'eredità scomoda di Falcone e Borsellino, dopo le stragi, non poteva non comportare disagi e sacrifici. Ma la realtà, confesso, si rivelò ancor più pesante di quanto avessi potuto immaginare. Pesante per me e per i ragazzi della scorta. Un motivo in più per essere loro eternamente grato, per la serenità che – pur fra mille difficoltà – riuscivano a regalarmi con la loro protezione.

A Palermo potevo innanzitutto contare su due uomini (spesso gli stessi che erano stati con me durante la stagione dell'antiterrorismo) che mi seguivano costantemente da Torino, ovunque mi spostassi, e affiancavano i colleghi della polizia di Palermo. Il nucleo forte della mia tutela era però costituito dal meglio che lo Stato potesse allora mettere in campo: il Nocs, Nucleo operativo centrale di sicurezza, uomini addestratissimi, di straordinaria efficienza, che possono fare quel mestiere fino a 25-30 anni al massimo, perché bisogna essere atleti in perfetta forma. I Nocs mi accompagnavano ovunque, anzi, mi marcavano strettissimo sempre. Durante i rari spostamenti a piedi facevano quadrato intorno a me, una siepe di marcantoni alti due metri davanti, dietro, ai lati. Di fatto erano loro che mi portavano dove volevano, come fossi una piuma dentro una scatola. Fermarsi da qualche parte, nemmeno parlarne. Anche per questo – e per forza di cose – non ho potuto vivere, pur standoci, quella bellissima città che è Palermo. Ma la più parte degli spostamenti, ovviamente, si faceva in auto. Adesso erano tre, tutte blindate. La mia in mezzo a due della polizia, con uno sciame di moto intorno a ispezionare il percorso. E con molti altri uomini impiegati nella cosiddetta "bonifica", cioè nel controllo delle zone di arrivo, in particolare per localizzare auto-bomba o altre trappole esplosive. Viaggiando in auto, sirene in funzione, velocità elevata, era ridotta pressoché a zero la possibilità di osservare qualcosa attraverso i finestrini (quando non fossero opachi). Palermo, una città che ho visto ben poco, oltre gli uffici giudiziari e altri posti istituzionali. Una città non vissuta, solo intravista, tanto da poter dire che la conosco solo per i soggiorni precedenti o successivi ai sette anni di lavoro come procuratore.

Ma per questo forse più affascinante, come una bella donna che si ammira da lontano senza mai poterla avvicinare.

Spesso i Nocs usavano, per i nostri spostamenti, l'elicottero. Conservo come preziosa testimonianza di solidarietà e affetto il regalo che gli elicotteristi mi fecero alla fine della mia esperienza palermitana. Un casco, con le loro firme e la scritta: 162 ore volate insieme, dal 21.1.93 al 30.7.99.

Ho grandissimi ricordi legati ai ragazzi del Nocs. Suggellati dalla festa che organizzarono, nella loro sede di Roma, quando lasciai la procura di Palermo. Ricordi che evocano (lo dico con affetto) anche forme di "*mobbing*" cui quei ragazzi mi sottoponevano: in particolare, un viaggio verso Corleone (per incontrare una comunità di giovani animata da un frate francescano), quando fui costretto per l'intero tragitto a rimanere sdraiato sul sedile posteriore della macchina, nascosto da una coperta. Automobile che tra l'altro – per non dare nell'occhio – era caricata su un carro attrezzi.

Oppure quando mi costringevano a fare con loro un po' di *footing*, la mattina, per evitare di partire con le auto sempre dallo stesso posto, dimenticando che per un povero procuratore tenere il loro passo era una fatica bestiale.

Purtroppo, conservo anche ricordi dolorosi. Come quello dell'agente Samuele Donatoni, uno dei più disponibili e allegri, col quale avevo stretto un rapporto di vera amicizia. Morì nel 1997, ucciso in un conflitto a fuoco con i sequestratori di Giuseppe Soffiantini, poco prima della liberazione dell'ostaggio. Aveva sospeso volontariamente il servizio a Palermo proprio per partecipare a quella rischiosa operazione.

La mia famiglia, negli anni siciliani, rimase a Torino. Una decisione presa unilateralmente, sperando così di preservare mia moglie e i miei figli dai troppi, inevitabili disagi che avrebbe comportato vivere insieme al procuratore di Palermo dopo il chilometro e mezzo di autostrada polverizzato a Capaci e dopo quella domenica pomeriggio che aveva trasformato via D'Amelio in una strada di Beirut. Forse non è stata una scelta felice, perché da dentro, certe situazioni – per quanto terribili – diventano più facili da gestire che non restandone fuori, arrovellandosi continuamente nell'angoscia di ciò che, non potendolo direttamente percepire, può persino preoccupare di più. Verso la fine del mio "settennato" palermitano (per la precisione sei anni e otto mesi) mia moglie decise di disobbedire ai miei divieti e spesso venne a trovarmi.

Stefano, nell'estate del 1995, fece tappa per alcuni giorni a Palermo, durante un viaggio verso la Tunisia con numerosi amici. Ero così felice che li portai tutti a cena in un ristorante (una delle poche volte che i Nocs mi concessero questa libertà). Prima del loro rientro in albergo, invitai Stefano – accompagnato da un amico, Michele detto "Maca" – a casa mia. Mio figlio non rimase – almeno in apparenza – troppo colpito dallo spiegamento di forze intorno a me. O forse non volle darlo troppo a vedere. Più turbato di lui era certamente Maca, sconcertato nel constatare che vivevo solo, in un palazzone di otto piani di fronte al parco della Favorita. Solo nel vero senso della parola, dal momento che soltanto il mio alloggio era occupato. Tutti gli altri erano stati lasciati vuoti, per maggior sicurezza.

In guerra non possono mancare gli eserciti. In quegli anni era in corso l'operazione "Vespri siciliani": militari di leva impiegati per la sorveglianza di obiettivi a rischio, tra cui le case dei magistrati antimafia. A difesa della mia abitazione c'erano militari armati al piano terra e militari armati sul pianerottolo. Uscendo dall'ascensore (che non faceva fermate intermedie) ci si trovava di fronte una vera e propria trincea: filo spinato, sacchetti di sabbia, un soldato in tuta mimetica con tanto di elmetto e mitra con pallottola in canna, ventiquattr'ore su ventiquattro. L'alloggio aveva porte e finestre super-blindate, praticamente sempre chiuse, dal momento che aprirle era sconsigliato, e comunque richiedeva una gran fatica. Soltanto uno spiraglio, talvolta, per vedere le luci di Palermo di notte, almeno da lontano e dall'alto.

Ma la Torre della Favorita, a un certo punto, non fu più sufficientemente sicura. L'allora questore di Palermo Arnaldo La Barbera – grande poliziotto, al quale resto profondamente grato – venne a sapere, da fonti evidentemente attendibili, di un attentato in preparazione: un missile o un bazooka a lunga gittata per colpire il mio appartamento dal monte Pellegrino, proprio davanti al parco della Favorita (armi del genere Cosa nostra ne aveva in abbondanza: sequestreremo, nei loro arsenali, anche moltissimi Rpg 18 di produzione sovietica, i micidiali "martelli di Allah" impiegati dai *mujaheddin* afghani per abbattere gli elicotteri di Mosca).

Quella volta venni allontanato dalla città di gran fretta. Senza neanche avere il tempo di fare le valigie, fui spedito dal questore all'aeroporto militare di Boccadifalco. Ero l'unico civile ad abitarci, circondato da esercito, polizia e carabinieri.

Per la mia sicurezza ero costretto all'isolamento più totale. Tanto più che il buon La Barbera aveva vietato addirittura l'uso di un campetto da tennis sotto le mie finestre, inimicandomi – temo – un bel po' di gente. Per non lasciarmi troppo solo, il questore veniva ogni tanto a giocare a tennis con me e con il mio compagno di doppio, Antonio Ingroia. Al questore non piaceva perdere e si portava dietro signori apparentemente innocui, ma che sul campo si rivelavano per quel che erano: maestri di tennis.

Da Palermo riuscivo a tornare a Torino un paio di weekend al mese, non di più. Dovevo usare l'aereo di Stato, sempre. Una volta – agli inizi – prenotai (con un nome di copertura) un aereo di linea. Appena atterrato, ecco una telefonata cortese nei modi ma furibonda nel contenuto: era Vincenzo Parisi, capo della polizia. Facendo di testa mia, in pratica, non solo avevo messo a rischio la mia vita, ma anche quella degli altri passeggeri.

Spesso, dunque, le domeniche le passavo a Palermo. Sono un credente – fragile, ma credente – e siccome un problema ovvio di sicurezza è la ripetitività degli spostamenti, tutte le domeniche mi portavano in una chiesa diversa. Decisa dalla scorta, s'intende. Credo così di aver visto quasi tutte le chiese della città e di aver ascoltato le omelie di tutti – o quasi – i parroci palermitani. Ora, non dico che si debba sempre parlare di mafia, però non potevo non notare, con un certo rammarico, che – fatta eccezione per alcuni preti dichiaratamente impegnati – omelie in cui si accennasse anche solo vagamente a questo terribile giogo che offende e soffoca la Sicilia, e non solo, praticamente mai ne sentivo. Preti assenti, indifferenti. Eri a Palermo ma potevi immaginare di essere in qualunque altra parte d'Italia.

Eppure, nel maggio 1993, Giovanni Paolo II – il volto indurito, il braccio levato – aveva urlato contro i mafiosi parole di condanna aspre, intransigenti e crude, mai ascoltate prima. E il cardinale Salvatore Pappalardo – nel novembre dello stesso anno, ad Acireale – aveva posto al centro dei lavori di un convegno delle Chiese di Sicilia il tema ineludibile della mafia. A quell'incontro partecipai anch'io. Ai duemila presenti dissi che le vittime di mafia erano morte «anche perché noi Stato, noi cristiani e Chiesa non siamo stati vivi: non abbiamo vigilato, non ci siamo scandalizzati dell'ingiustizia, ci siamo accontentati della ipocrisia civile o del devozionismo religioso». Applaudirono a lungo.

Speravo che tutto ciò potesse finire, ma forse non tenevo abbastanza in conto le imposizioni e i condizionamenti che ancora laceravano la Chiesa siciliana. I conflitti che avevano portato padre Pino Puglisi, un attimo prima di essere ucciso dai killer mafiosi, a dire sorridente: «Me lo aspettavo». Quante volte, chissà, si era guardato intorno e non aveva trovato nessuno accanto a sé. Non perché fosse un passo avanti rispetto al dovuto, ma perché troppi altri erano rimasti indietro. Non indietro come padre Mario Frittitta (capace di raggiungere regolarmente il latitante Pietro Aglieri nella sua cappella privata), ma certo lontani da don Puglisi.

Il periodo palermitano coincise anche con una grave malattia di mia madre, che ne avrebbe causato la morte dopo anni di sofferenza. Ancora oggi provo forte rimorso per non esserle stato accanto come avrei voluto. Ricordo ancora quando – presa la decisione di far domanda da procuratore capo di Palermo – andai a trovarla per comunicarglielo. Temevo la sua reazione, ma lei rispose, semplicemente: «Lo sapevo». Più che rassegnazione, un'orgogliosa benedizione.

E poi, nel 1995, nacque Giulia, mia nipote, figlia di Paolo. Qui il rimpianto è di non aver potuto godermi la sua infanzia come un nonno qualsiasi. Sarebbe stato bello passeggiare qualche volta insieme a lei. Mi sarebbe piaciuto portarla in giro su una bicicletta. Tutto impossibile, anche le piccole cose della vita quotidiana, quelle che creano complicità e rafforzano i legami.

Impossibile ma necessario.

Erano anni in cui – di nuovo – la scorta mi salvò più volte la vita. Ricordo in particolare un Natale in cui tentai invano di tornare a Torino, ma non mi fu consentito, per giorni e giorni. C'era, chiaramente, una situazione di altissima tensione, un pericolo incombente. Non ne ho mai saputo la vera ragione, per il solito principio di volermi limitare a conoscere l'indispensabile al mio lavoro. Intuivo però che doveva trattarsi di una fonte sicura e di una notizia "vestita" (cioè credibilissima). Sta di fatto che a Torino non mi portarono. Mi fecero invece viaggiare avanti e indietro lungo tutta l'Italia: nascosto in furgoni postali o della polizia penitenziaria, auto "civetta". Poi, finalmente, arrivai a Torino nel cuore di una notte di dicembre. A me e mia moglie venne ordinato di chiuderci in casa, di tenere abbassate tutte le tapparelle – giorno e notte – per far credere che non ci fosse nessuno. Un Natale decisamente "intimo"...

Un'altra differenza rilevante tra la protezione ai tempi del terrorismo e quelli della mafia fu la presenza del *defender* della polizia che per oltre sette anni, dal 1993 al 2000, ventiquattr'ore su ventiquattro, stazionò sotto il portone della casa torinese. Una presenza che – con qualche disagio iniziale – il quartiere accettò. Non tutti per la verità: spesso si ricevevano lamentele per quel motore ogni tanto acceso nelle notti d'inverno. Ma soprattutto ci fu la comica – chiamiamola così – iniziativa di un ignoto casigliano che, oltraggiato dalla spesa (peraltro irrisoria) che il condominio avrebbe dovuto affrontare per la pulizia del bagno utilizzato in cortile dai poliziotti, pensò bene, una notte, di murarne in parte l'ingresso. Credo avesse avuto qualche problema con i sindacati di polizia, oltre che con la mia famiglia, che alla fine si accollò interamente quella minima spesa. Nulla a che vedere con certe reazioni palermitane contro Falcone e Borsellino, invitati (con tanto di lettere sdegnate ai giornali locali) a rinchiudersi in qualche ghetto, per non turbare oltre la pace cittadina, violentata da scorte e sirene.

Un'altra novità che il quartiere dovette registrare fu l'installazione di blocchi di cemento intorno alla mia abitazione torinese, con conseguente divieto di parcheggio. All'inizio c'erano anche, fra un blocco e l'altro, alcune fioriere, che i negozianti della zona curavano amorevolmente, poi rimosse nel timore che vi si potessero nascondere ordigni. Che la mafia sia una delle cause della cementificazione del territorio è risaputo, ma, almeno questa volta, la cementificazione non è stata una speculazione delle cosche.

Non sono mai stato un grande sciatore, tuttavia Palermo ha stroncato ogni mia residua velleità. Non è più stato possibile andare in montagna. Se i thermos di caffé – che a Torino mia moglie e miei figli ogni sera portavano agli agenti in servizio sotto casa – davano una mano per passar le nottate, assai più dura era in Val di Susa, a 1.500 metri. Infatti quando ci rendemmo conto che gli uomini di scorta erano obbligati a stare all'addiaccio anche nelle notti d'inverno, avendo come unico riparo un'auto ferma in uno spiazzo non coperto, per sette anni smettemmo di andare in montagna a sciare. Del resto, costringere uomini armati a seguirti sulle piste di fondo o di discesa non sarebbe stata cosa né agevole, né divertente. Per nessuno di noi.

Altri scampoli della mia blindatissima vita palermitana riguardano l'ufficio di procuratore, attrezzato con cucina e doccia per limitare al massimo gli spostamenti. C'era anche una branda per la notte, ma l'ho usata pochissime volte. La sera, di solito molto tardi, preferivo rientrare nel mio bunker privato. Pranzo in ufficio, cena a casa. Con le mono-razioni surgelate da

Laura (ottima cuoca), che mi portavo da Torino e alternavo con tranci di pesce spada comprati nei mercati palermitani. Ovviamente non da me.

Amo i mercati, e Palermo ne ha molti di caratteristici e suggestivi. Ogni settimana, per sette anni, ho cercato di convincere i ragazzi della scorta a portarmi alla Vucciria. Promettevo di tutto: barba e baffi finti, cappellaccio in testa per poterci andare senza essere riconosciuto. Ogni volta mi dicevano che sarebbe stato per la settimana successiva. Di settimana in settimana son passati sette anni. E la Vucciria rimane per me solo un quadro, quello famosissimo di Renato Guttuso. Ma anche quello regalatomi da un amico pittore torinese, Bruno Molinaro. Una Vucciria meno sanguigna, un po' "piemontesizzata", e per me egualmente preziosa.

Niente mercati, e neppure ristoranti. Solo in casi eccezionali, e sempre con problemi logistici non indifferenti. Come quella volta che i colleghi della procura organizzarono una cena per un anniversario importante, e alla fine ci ritrovammo in un ristorante diverso da quello stabilito. Le scorte (la mia e quelle dei colleghi) avevano deciso, senza avvertirci, di cambiare programma. Fortuna che a Palermo si mangia bene un po' dovunque.

Anche teatri e cinema erano di fatto proibiti, non solo per ragioni di sicurezza. Provate ad andare al cinema con una dozzina di persone: chi quel film l'ha già visto, chi non ama il genere, chi detesta quegli attori... Impossibile mettere d'accordo tutti. E alla fine al cinema non ci si va più. Per sette anni.

Scherzare per tentare di sdrammatizzare. L'ho imparato anche da Piero Chiambretti, che in un suo ristorante di Torino tiene appeso in cornice, nella sezione "clienti celebri", un tovagliolo con la mia firma e, sotto, una dozzina di altri tovaglioli con la didascalia: scorta, scorta, scorta, scorta...

Sette anni condivisi con splendidi ragazzi. I poliziotti e i militari dei "Vespri siciliani", che negli ultimi giorni del loro turno, la mattina, mi aspettavano per avere una foto insieme, chiedendomi di indossare magliette ricordo del loro servizio a Palermo.

Orgogliosi e felici del proprio lavoro. Tutti. Anche quel soldato che, una notte, bussò alla mia porta (avevo detto loro che, in caso di bisogno, non si facessero scrupoli), per chiedermi notizie di un suo fratello, condannato a una pena non lieve dalla Corte d'Assise di Torino, da me presieduta all'inizio del processo. L'ultimo prima del mio trasferimento a Palermo. Confesso che sentirmi rivolgere una tale domanda da un uomo armato di tutto punto, cui fidandomi avevo aperto la porta di casa, mi causò un certo imbarazzo. In realtà voleva soltanto informazioni sul processo d'Appello, ma non ne sapevo nulla. Lui mi salutò con un sorriso. Un vero sorriso.

Il ricordo di chi vegliava sulla mia sicurezza non può ovviamente farmi dimenticare, neppure per un attimo, i tanti poliziotti, carabinieri e finanzieri coi quali quotidianamente avevo a che fare per le attività d'indagine. Da sempre sostengo che se i magistrati ottengono qualche risultato, è perché la polizia giudiziaria soffia nelle loro vele. E poi, fare il magistrato (soprattutto in certe condizioni) è dura. Ma fare il poliziotto ancora di più. È il poliziotto che va sulla strada, che mette le microspie nei covi, che pedina e arresta, con tutti i rischi che queste attività comportano.

Lo imparai subito, ancora "giudice ragazzino" a Torino. Indagavo su una grossa banda di rapinatori. Mentre interrogavo una donna in questura, mettendola di fronte all'evidenza di un'intercettazione telefonica, la portai a rivelare il nascondiglio di un pericoloso latitante. Avvertii subito i poliziotti e li vidi armarsi: pistole, fucili, bandoliere e giubbotti antiproiettile. Mi sentivo messo un po' in disparte e chiesi al maresciallo Patera (quante cose mi ha insegnato...) se non fosse il caso che andassi con loro.

«È assicurato?».

«No...».

«E allora rimanga in questura ad aspettarci».

3.
Il terrorismo

Lo Stato ha saputo vincere la sua guerra al terrorismo "storico". Contro la mafia, invece, lo Stato (più esattamente alcuni suoi consistenti settori) ha accettato di perdere una guerra che si sarebbe potuto vincere. Ha accettato di perdere pur di scongiurare il salto qualitativo: dall'accertamento delle responsabilità dei mafiosi "doc", come Totò Riina, all'accertamento dei legami e delle collusioni esterne a Cosa nostra. Perché una guerra vinta e una interrotta? I motivi sono tanti, uno in particolare: il senso di "alterità" del terrorismo rispetto alla società, alla vita di tutti i giorni, che ha permesso all'Italia di espellere la violenza politica dalla realtà del Paese. Con la mafia questo non è successo. O, perlomeno, non ancora.

Sia il terrorismo brigatista che la mafia sono forme di crimine organizzato. Ma, a parte questo punto in comune, si tratta di fenomeni completamente diversi. Tuttavia, almeno in linea di principio, entrambi pongono gli stessi problemi dal punto di vista dell'attività di contrasto. Le possibilità di successo, in un caso come nell'altro, aumentano quando si interviene contemporaneamente su tre versanti: quello tecnico-giuridico (investigativo-giudiziario); quello culturale, necessario per rendere l'opinione pubblica consapevole; e quello – assolutamente fondamentale – dell'aggressione non solo alle manifestazioni criminali, ma anche alle radici profonde di tale fenomeno.

Sul piano tecnico, quale che sia il tipo di criminalità, si vince soltanto se si mettono in campo due parametri: specializzazione e centralizzazione. Specializzazione significa operatori che sviluppino continuamente conoscenze specifiche e affinino i metodi di lavoro, così da riuscire a penetrare le strutture da contrastare. Centralizzazione significa convogliare in un unico motore di raccolta tutti gli elementi acquisiti nel corso delle varie inchieste, evitando il rischio di disperdere le opportunità di intervento che soltanto una visione non parcellizzata, ma incrociata e integrale, può consentire.

L'8 giugno 1976 era un martedì. A Torino era in corso di fronte alla Corte d'Assise il processo ai "capi storici" delle Brigate rosse, cui (nella fase delle indagini) avevamo lavorato Bruno Caccia come pubblico ministero e io come giudice istruttore. Non era che una delle prime udienze, ma il processo si interruppe. Ufficialmente per motivi tecnici, in realtà perché, quello stesso martedì, il procuratore generale di Genova Francesco Coco venne assassinato mentre rientrava a casa per pranzo, insieme all'agente di scorta Giovanni Saponara e all'appuntato dei carabinieri Antioco Dejana. Era la prima volta che le Brigate rosse uccidevano premeditatamente: Coco durante il sequestro Sossi si era coraggiosamente opposto all'ordinanza della Corte d'Appello, che aveva ceduto al ricatto delle Brigate rosse disponendo la scarcerazione dei detenuti chiesta in cambio della liberazione dell'ostaggio.

Anche in questo caso la Corte di Cassazione affidò a Torino le indagini. Miei i fascicoli Labate e Amerio, mio il fascicolo Sossi, mio – adesso – anche il fascicolo Coco. Quel giorno, però, il capo dell'ufficio Istruzione di Torino Mario Carassi mi comunicò che non sarei stato più da solo a indagare sulle Brigate rosse, per un motivo molto semplice: «Se lavorate in gruppo e colpiscono uno di voi, il processo va avanti comunque». C'erano anche altre ragioni (potenziare le risorse, sommare diverse sensibilità ed esperienze, favorire la ripartizione dei compiti secondo le attitudini), ma il motivo principale era quello di non offrire un unico bersaglio, colpendo il quale si uccideva – di fatto – anche il processo. Cominciai così a lavorare con i colleghi Mario Griffey e Luciano Violante.

Chissà chi lo chiamò *pool* per la prima volta. Di certo non il "sabaudo" Mario Carassi, che all'inglese avrebbe certamente preferito il francese *équipe*. Sta di fatto che quel giorno nacque il *pool* antiterrorismo dell'ufficio Istruzione di Torino, cui seguì – dopo alcuni anni – un'analoga squadra presso la procura della Repubblica (all'epoca era ancora in vigore il vecchio Codice di procedura penale, che affidava le indagini ai giudici istruttori, oltre che ai pm). Il *pool* è la traduzione in cifra operativa del metodo di lavoro basato su specializzazione e centralizzazione, metodo che carabinieri e polizia avevano adottato subito dopo il sequestro Sossi, creando due Nuclei speciali antiterrorismo (per fortuna non troppo in concorrenza fra loro). Un modello di lavoro vincente. Perché la criminalità organizzata si può sconfiggere soltanto contrapponendo organizzazione ad organizzazione.

Il 29 luglio 1983, a Palermo, una Fiat 127 imbottita di esplosivo uccideva il capo dell'ufficio Istruzione Rocco Chinnici, magistrato con cui aveva mosso i primi passi in penale Giovanni Falcone. Primi passi non facili, se – come Chinnici stesso annotava nel suo diario – un altissimo magistrato palermitano gli aveva intimato di non dare processi di mafia a quel Falcone, di schiacciarlo sotto una montagna di processi "bagatellari", altrimenti avrebbe «rovinato l'economia della Sicilia». Chinnici non se ne curò e anche per questo paghò con la vita.

Per rilevarne il testimone, dalla Toscana tornò nella "sua" Sicilia Antonino Caponnetto. Destino volle che fui proprio io, un giorno, a ricevere una telefonata di Nino. Voleva sapere com'era nato il *pool* antiterrorismo di Torino, come avessimo scavalcato l'ostacolo procedurale che parlava di giudice istruttore monocratico e non prevedeva lavoro collegiale. La soluzione l'aveva trovata Carassi in un articolo delle norme di attuazione del Codice, che permetteva al capo di intestare il processo a sé, delegando «uno o più» giudici istruttori al compimento degli atti relativi. Su questa linea, sostanzialmente, si attestò anche Caponnetto a Palermo. Così nacque il *pool* antimafia di Falcone, Borsellino, Di Lello, Guarnotta e altri.

Così nascerà, più tardi, il *pool* milanese di Mani pulite.

Specializzazione e centralizzazione dei dati erano il pane quotidiano del *pool* di Palermo, il cemento armato di un capolavoro investigativo e giudiziario, il Maxiprocesso del 1986. Per la prima volta nella storia d'Italia vennero portati alla sbarra – con prove sicure e condanne pesanti – mafiosi siciliani di primaria grandezza criminale, che fino ad allora avevano potuto godere di una sostanziale impunità. La fine del mito dell'invulnerabilità di Cosa nostra: 475 imputati per associazione mafiosa, 120 omicidi e innumerevoli altri reati; 360 condanne per un totale di 2.665 anni di carcere e diciannove ergastoli comminati ad alcuni tra i boss più influenti di Cosa nostra, da Michele Greco (il Papa) a Giuseppe Marchese, fino a Totò Riina e Bernardo Provenzano, allora ancora latitanti.

Un'esperienza del genere qualsiasi Paese l'avrebbe difesa con le unghie e con i denti, l'avrebbe sostenuta e sviluppata con decisione. L'Italia invece no. Vergognoso ma vero, Falcone e il *pool* – come vedremo – vennero letteralmente spazzati via, professionalmente parlando: guarda caso quando cominciarono a occuparsi, oltre che di mafiosi di strada, di Vito Ciancimino – ex sindaco di Palermo – dei cugini Ignazio e Nino Salvo, dei cosiddetti "Cavalieri del lavoro" di Catania. Insomma di quella borghesia mafiosa, di quell'impasto tra mafia e pezzi della politica, dell'economia e delle istituzioni, che impedisce di considerare la mafia "altro" rispetto alla società.

Smantellato il *pool* a colpi di polemiche furibonde e azzerato il suo metodo di lavoro, Falcone venne costretto a emigrare a Roma. A Palermo, per lui, non c'era più posto. Per fare ancora antimafia dovette rifugiarsi nella capitale, presso il ministero della Giustizia. Ma qui recuperò a livello nazionale i valori, specializzazione e centralizzazione, che aveva già sperimentato come vincenti e creò: 1) la Direzione nazionale antimafia (Dna), un organo di coordinamento a livello nazionale di tutte le indagini di mafia sull'intero territorio dello Stato, che con la sua banca dati fa da collettore delle informazioni; 2) le Direzioni distrettuali antimafia (Dda), localmente non più indagini parcellizzate, ma concentrate in un unico ufficio, unico in ciascuna Corte d'Appello e perciò di solito in ciascuna regione; 3) la Direzione investigativa antimafia (Dia), una specie di Fbi italiana con poteri investigativi e competenza sull'intero territorio dello Stato, senza limiti di provincia o regione (sul modello dei Nuclei speciali che polizia e carabinieri avevano messo in atto contro il terrorismo).

Il fiore all'occhiello di questa complessa strumentazione antimafia è la banca dati, poi sviluppatasi fino a diventare un vanto nazionale. L'ho potuto constatare personalmente, lavorando – due anni dopo la conclusione dell'esperienza palermitana – a Bruxelles come rappresentante italiano in *Eurojust*, una sorta di superprocura europea modulata su quella ideata da Falcone. Anche qui si discuteva sulla necessità di una banca dati europea. Chiesi a Vittorio Borraccetti – allora magistrato della Dna e responsabile appunto della banca dati – di riferire ai colleghi europei l'esperienza del nostro Paese. E il nostro Paese fece un figurone. La dimostrazione che l'Italia, purtroppo, ha certamente gravi problemi di mafia, ma è anche vista (da chi ha gli strumenti culturali per andare oltre lo stereotipo mafia-pizza-mandolino) come il Paese dell'antimafia. Una nazione che ha saputo realizzare su questo versante importanti iniziative. Da imitare.

La Dna e la banca dati (strutture di coordinamento tra i diversi uffici periferici che si occupano di mafia) nacquero anche facendo tesoro dell'antiterrorismo dei decenni precedenti. Quando ci si accorse che Brigate rosse e Prima linea erano ramificate e collegate in varie città d'Italia, mentre i magistrati inquirenti lavoravano ciascuno per proprio conto, si avvertì l'esigenza di organizzarsi meglio e ci si inventò una sorta di "volontariato". Dallo scollamento si passò, dando corpo a un'idea di Emilio Alessandrini, a incontri fra pm e giudici istruttori (che col vecchio Codice erano un po' la stessa cosa). Appuntamenti programmati periodicamente, ma sempre su base spontaneistica, una volta a Milano, una volta a Torino, Napoli, Genova... Per scambiarsi dati, informazioni, verbali, provvedimenti giudiziari e notizie, elaborando artigianalmente una risposta coordinata e comune. Non ci fu mai codificazione alcuna, ma si trattò di un'esperienza decisiva per capire – tutti insieme – qualcosa di più, senza la frammentazione, i ritardi e le vischiosità delle indagini precedenti. All'inizio ci furono forti resistenze, perché qualificati osservatori e autorevoli giuristi, esperti più che altro di doveri altrui, vedevano in quelle iniziative l'anticamera della creazione di un giudice "speciale" (figura sulla quale condivido la valutazione negativa, sempre, anche nella lotta al terrorismo, ma ben diversa da quella di giudice "specializzato").

Tanto importante e utile si rivelò quell'esperienza sul versante antiterrorismo, da indurre Giovanni Falcone a farla propria e svilupparla, istituzionalizzando strutture nazionali simili anche per la lotta alla mafia.

Per quanto riguarda invece l'antiterrorismo oggi, siamo ancora agli anni Settanta-Ottanta, o poco oltre. Perché solo recentemente, e in misura parziale, alle procure distrettuali antimafia è stata conferita per legge anche competenza sul versante dell'antiterrorismo. Ma il coordinamento è realizzato unicamente su scala regionale. Manca ancora un coordinamento nazionale e si procede con la pratica delle riunioni volontaristiche, frequenti per le indagini sul terrorismo di matrice islamica. Basta prendere le agenzie che commentano uno di questi incontri e si troverà unanimemente espressa, da parte di tutti i magistrati, provenienti da tutta Italia, l'ennesima richiesta, pure per l'antiterrorismo, di una banca dati, se non anche di una procura nazionale. In sostanza, esiste specializzazione e centralizzazione nelle singole procure, tuttavia la confluenza dei dati giudiziari nazionali in un'unica banca centrale è ancora una richiesta disattesa.

Agli inizi, la lotta al terrorismo scontava una forte inadeguatezza di strumenti legislativi. Forse anche qui possono trovare spiegazione certe lentezze e alcuni ritardi. L'unico articolo del Codice penale applicabile alle Br era il 306, che puniva la "banda armata".

Per chi studia legge il nome Antolisei è quello di un giurista importante. Se poi, come me, ha fatto l'università a Torino negli anni Sessanta, allora è sinonimo di diritto penale. Bene, il manuale di Antolisei liquidava l'articolo 306 con due righe, considerandolo un articolo desueto, una norma scritta per fronteggiare le scorrerie nelle campagne dell'Ottocento che non aveva più ragion d'essere, per cui non valeva la pena perder tempo a commentarlo e studiarlo. E invece fu proprio sull'articolo 306 che Caccia e io costruimmo l'intero processo ai "capi storici" delle Brigate rosse. Come dicevo, negli anni Settanta era l'unico strumento applicabile per fronteggiare le formazioni terroristiche. Imputazione: banda armata. Toccava a noi, alle nostre indagini, rivitalizzare quella figura criminosa che Antolisei pensava sepolta per sempre, interpretandola in modo da farla corrispondere all'organizzazione delle Br e di Pl, ovviamente rimanendo nel perimetro della lettera della legge.

Lo stesso discorso – l'inadeguatezza iniziale – vale per la lotta alla mafia. C'è una famosa frase di Giovanni Falcone che ben descrive le difficoltà insormontabili che per decenni inceparono la lotta a Cosa nostra: «La mafia è un carro armato, ma l'arma a disposizione dello Stato è una cerbottana». Quella cerbottana era l'articolo 416 del Codice penale, associazione a delinquere semplice, autentico solletico per i boss. Per avere una norma specificamente mirata sulla concreta realtà della mafia, capace di colpirla sotto la linea di galleggiamento, ci vollero gli omicidi di Pio La Torre (30 aprile 1982) e di Carlo Alberto dalla Chiesa (3 settembre 1982), che di quella norma erano stati – rispettivamente – ideatore e fautore.

La mafia esiste da almeno due secoli, ma per vederla vietata e punita nel Codice penale si è dovuto arrivare ai giorni nostri. Soltanto dopo questi omicidi il nostro Paese si svegliò e il Parlamento approvò il 416 bis, associazione a delinquere di stampo mafioso. Finalmente la mafia esisteva e il legislatore le confezionava un abito su misura.

Ma è clamorosamente evidente come la storia della legislazione antimafia sia tipicamente, purtroppo, una storia del giorno dopo: dopo un fatto eclatante che indigna e costringe a intervenire. Legislazione, perciò, disseminata di *bis*, *ter*, *quater*, *quinquies*. Come appunto il 416 bis, o il 41 bis sul carcere duro per i mafiosi, approvato solo dopo le stragi del 1992.

La lezione, dunque, è chiara. Contro il crimine organizzato, l'esigenza della specializzazione non vale soltanto per magistratura e forze dell'ordine, ma anche e soprattutto per le leggi. Per combattere efficacemente mafia e terrorismo ci vogliono norme pensate e calibrate sulla specifica realtà dei fenomeni da fronteggiare. Che non significa affatto leggi speciali, ma leggi specializzate. Definirle "leggi d'emergenza" significa restare prigionieri di fuorvianti luoghi comuni.

Spesso sono particolari apparentemente insignificanti a risultare decisivi. Ai tempi della cosiddetta "legislazione d'emergenza" sul terrorismo, venne approvata una norma che all'inizio ci fece sorridere: obbligava tutti i padroni di casa a denunciare la presenza di inquilini. Pensammo a un assurdo moltiplicatore di scartoffie che nessuno mai avrebbe letto, e invece no. Forse, in quel momento, le organizzazioni terroristiche sopravvalutavano l'efficienza dello Stato, forse erano semplicemente attente ai rischi, anche solo eventuali, della nuova legge. Sta di fatto (parlo soprattutto di Prima linea) che abbandonarono e smantellarono tutti i covi in alloggi affittati, e la loro attività criminale – vale a dire omicidi, ferimenti e rapine – subì un rallentamento di sei-otto mesi. Il classico esempio di norma specificamente mirata alla realtà di un'organizzazione terroristica clandestina che, in quanto tale, produce effetti positivi, persino al di là delle aspettative.

Ma la vittoria vera contro il terrorismo arrivò dalle retrovie, cioè nel Paese, nel cuore e nella testa degli italiani. Nel percorso di logoramento del brigatismo, una svolta decisiva si ebbe quando (nelle seconda metà degli anni Settanta) prese corpo una forte reazione, basata sull'assunto che il terrorismo va sconfitto non solo sul piano investigativo-giudiziario ma anche – se non soprattutto – sul piano politico.

Il percorso dell'isolamento politico fu lento e faticoso. Inizialmente l'ambiguità – soprattutto in certi ambienti intellettuali e di fabbrica – era forte. Eppure le avvisaglie di quanto sarebbe potuto accadere c'erano tutte. Ricordo, nei primi anni Settanta, l'inchiesta su un lancio di molotov contro una macchina della polizia in via Garibaldi a Torino, proprio sotto i balconi di una sede del Pci. Bene, nessuno vide e sentì nulla. Può darsi che in parte fosse vero, ma l'impressione fu che in quel momento la tentazione di non collaborare con le istituzioni per scoprire gli autori di simili gesti fosse forte. Così come qualche anno dopo – durante le indagini sull'irruzione di un gruppo di giovani in un bar considerato ritrovo di fascisti (tra gli indiziati, anche un certo Roberto Sandalo, allora del tutto sconosciuto) – scattò immediatamente, all'interno del cosiddetto Movimento, una vera e propria gara a scagionare gli accusati, con testimonianze palesemente e furbescamente compiacenti. Alcuni dei "testimoni", tra l'altro, sono poi diventati personaggi abbastanza noti a Torino.

Questa diffusa ambiguità rallentava innanzitutto la comprensione del fenomeno terroristico, e creava un clima di sfiducia nell'azione della magistratura e delle forze dell'ordine. L'inversione di tendenza fu travagliata e difficile ma a un certo punto diventò univoca e irreversibile, segnata dal processo ai "capi storici" delle Brigate rosse. Grazie alla sua celebrazione, Torino, "Palazzo d'Inverno di tutti gli estremismi italiani", divenne invece la città che per prima fu capace di indebolire le fortificazioni delle organizzazioni terroristiche, contribuendo fortemente alla loro successiva sconfitta.

Punto di forza dell'ideologia brigatista era che la rivoluzione non si processa, la lotta armata non si condanna. Per dimostrare la fondatezza di questa tesi, le Br fecero del processo di Torino un "processo guerriglia", scatenando su di esso un volume di fuoco spaventoso. Abbiamo già ricordato come la Corte d'Assise cominciò il suo lavoro nel 1976. Appena il tempo di tenere poche, movimentate udienze, rese più difficili dal fatto che all'epoca non esistevano nelle aule di giustizia "gabbie" per gli imputati (il loro uso si renderà necessario proprio a seguito delle intemperanze dei brigatisti, che allora erano separati dalla Corte solo da una bassa transenna e perciò in grado di lanciare ogni sorta di oggetti all'indirizzo dei giudici e degli avvocati). Tre settimane appena e tutto si fermò. Ufficialmente per riunire gli atti con quelli di alcune inchieste milanesi, in realtà (lo si è detto) per le ripercussioni dell'omicidio Coco sul processo, che venne rinviato di un anno.

Nel 1977 non si celebrò neppure un'udienza, perché l'omicidio dell'avvocato Fulvio Croce (presidente dell'Ordine degli avvocati di Torino, che in tale veste si era assunto l'onere di organizzare le difese d'ufficio dei brigatisti. Un processo senza difesa è una farsa e Croce voleva evitare la farsa) impedì la formazione stessa della giuria popolare. Non si trovarono sei cittadini (soltanto sei, non 60, non 600...) disposti a fare i giurati. Nell'ufficio del presidente della Corte, Guido Barbaro, si accumulavano certificati su certificati, ciascuno con la formula "sindrome depressiva", traduzione in termini medici della paura.

Le Brigate rosse sembravano aver vinto. La città era in ginocchio.

Ma venne il momento di reagire: il sindaco Diego Novelli, il presidente della Regione Aldo Viglione, il presidente del Consiglio regionale Dino Sanlorenzo, il nascente sindacato di polizia, partiti, sindacati e parrocchie, tutti insieme (Pci e Fiom, bisogna riconoscerlo, con posizioni trainanti) si interrogavano su come uscire dal tunnel. Ed ecco la stagione delle assemblee.

Era necessario isolare i terroristi, andare nei quartieri, nelle scuole, nei circoli, nelle sedi di partito e del sindacato, negli oratori e nelle fabbriche per parlare con la gente. Per rendere la cittadinanza consapevole che il terrorismo era una minaccia non solo per le possibili vittime, ma per tutti, in quanto fattore di imbarbarimento della vita civile e di progressiva involuzione del sistema in senso reazionario. Parlare, per chiarire che la violenza era un corpo estraneo ai problemi della vita quotidiana, un problema che si aggiungeva a quelli che già si avevano e anzi ne impediva la soluzione. La violenza era un ostacolo invalicabile al fisiologico diritto, se non alla felicità, quanto meno alla civiltà della convivenza.

Per isolare i terroristi era necessario spazzare via tutte le incertezze e ambiguità (anticamera di contiguità e connivenze) presenti soprattutto a sinistra e che si erano manifestate – ad esempio – con valutazioni miopi e confuse, tradotte in slogan tipo "fascisti travestiti di rosso", "compagni che sbagliano", "né con lo Stato né con le Br". E lo si faceva con gli strumenti della democrazia (riunioni e confronto), dimostrando così la forza delle istituzioni e tagliando l'erba sotto le gambe dei brigatisti, posto che la loro rivoluzione presupponeva – per avere qualche probabilità di successo – proprio il venir meno di ogni fiducia nelle istituzioni.

Parlare con la gente, far capire che i terroristi non erano Zorro, Robin hood, idealisti soltanto un po' fanatici, ma uomini che sparavano, ferivano, ammazzavano.

Torino – e con Torino l'Italia – toccava con mano che il tentativo delle Brigate rosse di svelare la natura secondo loro reazionaria e fascista dello Stato democratico, a forza di spallate al sistema (e le spallate erano piombo e sangue), era un *bluff*. Anzi, diventava chiaro che reagire da Stato non democratico, dimenticare la Costituzione, fosse una sconfitta per tutti, in un momento in cui faticosamente si andavano affermando nuovi spazi, nuovi diritti per le classi sociali tradizionalmente escluse dal potere. Perché gli anni Settanta non erano soltanto "di piombo", ma anche gli anni della legge sul divorzio, dello Statuto dei lavoratori, del compromesso storico, dell'alternanza nell'amministrazione di grandi città italiane. Tutte novità che le Brigate rosse soffocavano.

Non è stata, quella delle assemblee, una strada in discesa. Alle prime non veniva letteralmente nessuno. Quindi cominciarono a essere frequentate, ma la gente aveva paura, non faceva domande o – se le faceva – le consegnava in forma anonima, scrivendole su quello che oggi chiameremmo “pizzino”. Solo alla fine si arrivò alle assemblee oceaniche in fabbrica, alla Fiat, alla presenza di terroristi effettivi o aspiranti tali. Torino trovò il dialogo che aveva cercato. L’acqua intorno al pescecane terrorista si andava prosciugando. Per le Brigate rosse e Prima linea iniziava un irreversibile isolamento politico. Pensavano di essere l’avanguardia del movimento operaio, scoprirono di essere l’avanguardia di se stessi e basta. E furono i terroristi per primi ad avvertire con chiarezza il pericolo derivante dalle assemblee: prova ne è che nei covi – soprattutto di Pl – si troveranno veri e propri verbali che di ogni assemblea riferivano minuziosamente modalità ed esiti.

All’isolamento dei terroristi contribuì anche il questionario che nel febbraio 1979 venne distribuito in città. Conteneva, tra le altre, una domanda (la numero 5) che invitava a segnalare elementi utili alle indagini. Un’iniziativa letta superficialmente come invito alla delazione. In realtà, chi avesse voluto rivelare qualcosa sapeva bene quali altre strade percorrere. E difatti di segnalazioni significative, con il questionario, non ne arrivarono. La quinta domanda aveva ben altri obiettivi: l’apparente invito alla delazione voleva significare che il tempo delle ambiguità e degli ammiccamenti era finito, bisognava scegliere da che parte stare.

A fronte di questo pericolo, la rappresaglia dei terroristi fu duplice, immediata e feroce: un attentato progettato contro Michele Zaffino, presidente di una circoscrizione particolarmente impegnata nella distribuzione del questionario, e la cosiddetta “notte dei fuochi”, un attacco contemporaneo a sette sedi dei vigili urbani, cui era stato affidato lo stesso compito.

Ho sempre pensato che l’idea del questionario fosse di Giuliano Ferrara, allora responsabile delle fabbriche per il Pci di Torino. Purtroppo non mi è possibile attribuirgli nemmeno questo merito. Il mio amico Dino Sanlorenzo ne rivendica fieramente la paternità.

L’isolamento è un potente fattore di crisi. Perché, io terrorista, per ammazzare uno sconosciuto che vedo soltanto come il simbolo di un potere da abbattere, devo essere animato da una carica di fanatismo politico e da una forza ideologica interiore formidabili, senza spazi per dubbi o incertezze. Non è facile scegliere il terrorismo, mollare tutto (famiglia, lavoro, carriera) per vivere nel buio della clandestinità, in attesa che spunti il sole della rivoluzione. Non è facile soprattutto dare la morte a persone individuate arbitrariamente come nemiche. Se lo faccio, devo essere assolutamente convinto di essere dalla parte giusta. E avere il coraggio della vigliaccheria, necessaria per ammazzare chi esce di casa all'alba, indifeso, per andare al lavoro.

Se queste convinzioni si incrinano, ecco la crisi.

La scelta di contrastare l'eversione coinvolgendo la società civile e praticando il dialogo pagò, dunque. Il processo di Torino incontrò meno ostacoli. Nel 1978, difatti, si riuscì finalmente a formare la giuria popolare, grazie anche all'esempio di Adelaide Aglietta, allora segretario dei Radicali, che – sorteggiata come supplente – accettò senza indugi.

Il processo faticosamente riprese. Come riprese la scia di sangue della ferocia brigatista. Il primo giorno d'udienza le Br uccisero il maresciallo Rosario Berardi, l'ultimo giorno il commissario Antonio Esposito. L'uno e l'altro erano stati componenti del Nucleo antiterrorismo della polizia che aveva fortemente contribuito alle indagini sui "capi storici". Durante il processo avvenne la strage della scorta dell'onorevole Moro, sequestrato, tenuto a lungo prigioniero e alla fine trucidato dalle Br. Il rapimento venne rivendicato proprio dalle "gabbie" del processo di Torino: in cambio della salvezza del presidente della Dc, i brigatisti pretendevano la liberazione di vari detenuti, alcuni dei quali alla sbarra in quell'aula.

Sempre durante il dibattimento, l'omicidio dell'agente di custodia Lorenzo Cutugno e vari altri attentati (fra cui il ferimento dell'ex sindaco di Torino Giovanni Picco). E tuttavia, questa volta, il processo terminò, nel pieno rispetto delle leggi e finanche dell'identità politica degli imputati, cui venne consentito – ad esempio – di controinterrogare il giudice Sossi e altri testimoni. Le condanne inflitte furono condanne giuste, comminate secondo le regole di un giusto processo. E la stessa conclusione del procedimento costituì un potente fattore di crisi, perché crollava miseramente l'assunto su cui i brigatisti avevano fondato certezze ideologiche: la rivoluzione non si processa, salvo che lo Stato getti la maschera della democrazia, rivelando il suo autentico volto, repressivo e fascista.

Un altro determinante fattore di crisi fu l'esito della vicenda Moro. Le Brigate rosse pretendevano di essere riconosciute come soggetto politico alternativo allo Stato (ci avevano già provato con il sequestro Sossi). Se questo fosse avvenuto, con uno scambio di prigionieri o con un qualunque altro passo in quella direzione, sarebbe stato gravissimo. In quel momento le Br – lasciando per un attimo da parte alcune ombre ancora rinvenibili, dalla P2 massicciamente infiltrata nel comitato di crisi del Viminale allo strano caso di via Gradoli – erano capaci di azioni militari in grado di tenere in scacco il Paese. Ma politicamente fallirono: nessun riconoscimento; nessun innesco di quella guerra civile generalizzata in cui speravano. Le Br rimasero isolate anche all'interno del cosiddetto Movimento.

Di certo questo discorso non potrà essere accettato dai parenti dell'onorevole Moro. Di certo suonerà offensivo per la loro terribile e incancellabile sofferenza. Ma la scelta della fermezza – sempre che elementi nuovi non mi inducano in futuro a cambiare idea – fu dolorosa eppure necessaria. Di fatto, il fallimento politico dell'operazione Moro fu un altro potentissimo cuneo nella saldezza della compagine brigatista. E fu in questa fase che le Br (nei vari spezzoni in cui l'organizzazione si frantumò) e Prima linea si comportarono da animale ferito, compiendo i delitti più brutali, insensati e autoreferenziali. L'azione criminale era fine a se stessa, pensata e realizzata per la sola sopravvivenza dell'organizzazione. L'assassinio di Guido Rossa prima di tutto, operaio comunista, coraggioso delegato sindacale dell'Italsider di Genova, ucciso per aver denunciato l'infiltrazione delle Brigate rosse in fabbrica. La già citata esecuzione del barista torinese Carmine Civitate. L'uccisione di William

Vaccher, militante marginale di Prima linea, assassinato dai suoi ex compagni perché sospettato, ingiustamente, di aver collaborato con la magistratura. La rappresaglia mafiosa nei confronti di Roberto Peci, fratello di Patrizio. Fino all'incredibile esecuzione di Sebastiano D'Alleo e Antonio Pedio, guardie giurate ventisettenni, uccise a Torino con la tecnica nazista del colpo alla nuca, al solo scopo di pubblicizzare un volantino che denunciava il pentimento (peraltro inesistente) della brigatista Natalia Ligas.

Tutti questi episodi – già singolarmente sufficienti a logorarle – crearono un'autentica implosione delle organizzazioni terroristiche. Ebbe inizio la stagione dei pentiti. Prima Patrizio Peci per le Br, poi Roberto Sandalo per Pl, a seguire un'infinità di altri. Un'autentica slavina. Il crollo verticale delle organizzazioni terroristiche storiche. E nel 1983 l'Italia potè considerarsi fuori dall'emergenza terrorismo.

4.
La mafia

Siamo stati a un passo dall'uscire anche dall'"emergenza mafia", l'interminabile emergenza mafia. Ma, arrivati a un certo punto, settori consistenti dello Stato hanno preferito non vincere la partita.

Avevo ancora tanto da imparare quando arrivai in Sicilia. Se avevo seguito il terrorismo dall'inizio, fino a vederne la fine, a Palermo mi insediai all'apice dell'attacco mafioso allo Stato. Nel 1992 il nostro Paese aveva corso seriamente il rischio di diventare un narco-Stato, una specie di Stato-mafia, caratterizzato dalla condizionante presenza di un potere criminale stragista. Perché è chiaro che dietro le stragi di Capaci e via D'Amelio ci fu anche un disegno politico, quale ancora non lo sappiamo e forse mai lo sapremo. Ma che non si sia trattato soltanto di crimine organizzato era, ed è, di assoluta evidenza.

Paura e disorientamento, in quei mesi, erano diffusi, profondi. Emblematiche le parole di Nino Caponnetto quando, dopo l'uccisione di Paolo Borsellino, quasi si aggrappò al microfono di un cronista, come a cercare un sostegno, e sussurrò: «È tutto finito, non c'è più niente da fare». Il Paese era in ginocchio, gravemente offeso e ferito, e temeva il colpo di grazia. Ma invece di precipitare, riuscì a risollevarsi, grazie a un immenso sforzo collettivo (simile a quello di Torino, a partire dal 1977, contro il terrorismo). Ci fu davvero un momento magico di unità nazionale, estremamente efficace e produttivo, che purtroppo durò poco.

Innanzitutto, contro l'attacco mafioso si realizzò un'unità di tutte le forze politiche come raramente si era visto nella storia del nostro Paese. Scomparvero le distinzioni di casacca o schieramento. Prova ne fu l'unanimità con la quale vennero approvate due leggi fondamentali (quella sui pentiti e quella sul 41 bis, il carcere duro per i mafiosi), leggi volute da Falcone e Borsellino, intrise della loro intelligenza e del loro sangue. All'unanimità venne approvata anche la relazione della Commissione parlamentare antimafia presieduta da Luciano Violante che, per quanto concerneva i rapporti tra mafia e politica, diceva finalmente cose giuste e precise, che a livello politico non si era mai avuto il coraggio di esplicitare.

L'effetto incrociato del 41 bis e della previsione di benefici di legge per i collaboratori sarebbe stato determinante per innescare moltissimi importanti pentimenti, decisivi per sradicare le organizzazioni criminali.

Fino a quel momento il carcere era stato per i mafiosi niente più che un'estensione del loro territorio. L'Ucciardone sembrava un grand hotel, dove i boss pasteggiavano ad aragoste e champagne. Ma se Cosa nostra riusciva a essere più forte dello Stato perfino dietro le sbarre, allora nessuno poteva dare credito alle istituzioni. E la battaglia antimafia sembrava persa in partenza. Se invece il carcere diventava una cosa seria anche per i mafiosi, processati e con la concreta prospettiva di pesanti pene da scontare, ecco allora che si poneva il problema di uscirne con il minor danno, sfruttando anche gli spazi offerti dalla legge sui pentiti. Forze dell'ordine e magistratura, in questa nuova situazione, ritrovarono efficienza ed entusiasmo. E i risultati non tardarono a venire.

L'unanimità del Parlamento si proiettava nel Paese reale. Mobilitazioni di massa, di giovani ma non solo giovani, a Palermo ma non solo a Palermo. Tutti insieme, per gridare che lo Stato democratico, pur con i suoi difetti, è infinitamente meglio di un narco-Stato controllato da criminali stragisti. Si respirava l'effettiva volontà di fare finalmente chiarezza sulla realtà del fenomeno mafioso, che non è soltanto questione criminale, ma anche questione economica e sociale. La mafia è una sanguisuga che prosciuga ogni anno nel Mezzogiorno centinaia di migliaia di posti di lavoro e che causa una perdita di ricchezza incalcolabile. Una zavorra per lo sviluppo economico. In pratica impedisce al Sud di raggiungere livelli di pil che, senza mafia, sarebbero vicini a quelli del Centro-nord.

L'unanimità delle forze politiche faceva sperare (ed è qui il punto più importante) che si volessero una buona volta colpire non soltanto le manifestazioni criminali della mafia, ma anche le sue radici sociali, politiche ed economiche. E che finalmente si ponesse mano – senza più ipocrisie o trucchi – allo scioglimento del nodo che costituisce il cuore del potere mafioso: il suo intrecciarsi con pezzi del potere legale, dalla politica all'economia alle istituzioni.

Nel 1992-93, insomma, superato lo sbandamento immediatamente successivo alle stragi, sembravano esserci le condizioni necessarie perché – così come si era verificato per il terrorismo – tutti, o la stragrande maggioranza del Paese, vedessero la mafia come un nemico alieno da ricacciare indietro e da sconfiggere. Se le stragi avevano fatto correre all'Italia il pericolo di essere risucchiata in un buco nero sempre più cupo e profondo, ora si invertiva la tendenza. Proprio quando tutto sembrava perduto.

Poggiavano su queste basi i grandi risultati ottenuti dopo le stragi. Una serie lunghissima di pericolosi latitanti finalmente catturati: Totò Riina, Leoluca Bagarella, Giovanni ed Enzo Brusca, Pietro Aglieri, Vito Vitale, Mariano Tullio Troia, Vincenzo Sinacori, Filippo e Giuseppe Graviano, Raffaele Ganci e i figli Domenico e Calogero, Giuseppe e Gregorio Agrigento, Francesco Paolo Anzelmo, Mico Farinella, Giuseppe La Mattina, Natale Gambino, Antonino Mangano, Salvatore Grigoli, Pietro Romeo, Gaspare Spatuzza, Francesco Giuliano, Cosimo Lo Nigro, Fifetto Cannella, Pino Guastella, Nicola Di Trapani, Salvatore Cucuzza, Giovanni Buscemi e molti altri ancora.

Beni per diecimila miliardi di vecchie lire confiscati ai boss (base dell'antimafia sociale, della restituzione alla collettività di parte di ciò che la mafia sistematicamente rapina). Grazie anche ai pentiti (una sequenza che sembrava inarrestabile, quasi uno *tsunami*), prove su prove riscontrate consentirono processi con 650 ergastoli e centinaia di anni di carcere inflitti all'ala militare di Cosa nostra. Si scoprirono veri e propri arsenali (da fare invidia persino a un esercito regolare). Ad esempio, nel bunker di Giambascio, nei pressi di San Giuseppe Jato, oltre alla stanza della morte usata da Giovanni Brusca come sua "macelleria" personale, trovammo il più grosso quantitativo di armi mai scoperto e sequestrato in Italia: più di 400 pistole di ogni tipo e calibro, decine di mitra e fucili, a pompa e semiautomatici (insieme a qualche lupara arrugginita, per l'archivio), centinaia di AK 47, i famigerati kalashnikov, numerosi lanciamissili e lanciagranate, munizioni ed esplosivo. Armi da guerra.

Toglierle ai corleonesi significò impedire nuove stragi, altri omicidi, ancora sangue. Significò interrompere una vera e propria guerra. La guerra della mafia siciliana contro lo Stato italiano.

Forze di polizia e magistratura scavavano senza mai rallentare. La geografia dell'organizzazione mafiosa (anche oltre la Sicilia) si faceva sempre più precisa. Eravamo alla soglia dei gangli dell'organizzazione. Passo dopo passo ne scoprivamo i legami con l'altra società, con coloro che solo chi non voleva vedere si ostinava a chiamare "insospettabili". Sembrava fatta: la mafia ormai stretta in un angolo. Ci illudevamo di averla irreversibilmente isolata. Invece...

Invece, dopo un paio d'anni, qualcosa cominciò a mettersi di traverso. E alla fine gli isolati eravamo noi, non la mafia. Si assisteva a quello che potremmo definire "l'effetto biennio". Quando la violenza mafiosa supera certi limiti, alle forze dell'ordine e alla magistratura si dà mandato e licenza di intervenire. La validità del mandato, però, non supera mai, più o meno, il biennio. Accadde al *pool* di Falcone. Si ripetè per il *pool* della procura di Palermo del dopo-stragi. E tutto ciò perché la procura – nonostante alcuni "amichevoli" inviti – non intendeva dimenticare che la legge è uguale per tutti e che l'azione penale è obbligatoria. Per cui, se ricorrevano i presupposti per intervenire in fatto e in diritto – si trattasse di Totò Riina o Giulio Andreotti – non si poteva fare differenza.

Imparammo che la differenza c'è. Finché indaghi su Riina vai bene. Ma quando passi a occuparti (facendo il tuo dovere) anche di imputati "eccellenti", cominciano i guai. Qualcuno ti mette i bastoni fra le ruote. Preferisce – ribadisco – perdere una guerra che si potrebbe vincere pur di evitare che si accertino le responsabilità del "terzo livello". Una strategia rinunciataria (per usare un generoso eufemismo) di cui sono note le tappe: la ricerca della verità svilita a cultura del sospetto, l'insinuazione di scorretti rapporti coi pentiti (diffusa già ai tempi di Falcone, con la favola dei cannoli portati a Buscetta), l'accusa di costruire teoremi invece di prove, la pregiudiziale delegittimazione dei pentiti, presentati come sentina di tutti i mali e concentrato di ogni nefandezza (aggressioni strumentali che nulla hanno a che vedere con la fisiologica delicatezza e complessità di questo strumento d'indagine). Per finire con gli attacchi e le calunnie contro i pm, organizzati con volgarità e protervia spesso davvero incivili. Risultato? Sul banco degli imputati, invece dei mafiosi e dei loro complici, finiscono i magistrati antimafia. Come ai tempi del *pool* di Falcone.

Dopo il biennio, passano emozione e sdegno per le stragi e si scatenano le polemiche. Inaudita la violenza che si concentra sui pentiti. Per di più con una singolare coincidenza. Da un lato la mafia fa di tutto per intimidire e scoraggiare nuove collaborazioni. Aizza i parenti, obbliga mogli, fratelli e figli – se vogliono salvare la pelle – ad abiurare gli "infami" con manifestazioni di piazza e apparizioni televisive. La corazzata mafiosa sa bene che i pentiti sono una mina vagante che potrebbe affondarla. Sa bene che senza pentiti non sarebbero mai stati individuati gli autori materiali della strage di Capaci e di altri mille feroci delitti (così come, senza pentiti, non si sarebbero potute sconfiggere Brigate rosse e Prima linea). Nello stesso tempo pezzi della società e dello Stato scagliano contro i pentiti un gragnuola di attacchi delegittimanti, indebolendo sostanzialmente uno strumento indispensabile per l'accertamento della verità. Cambia il clima. Le collaborazioni, come numero e importanza dei contributi di conoscenza, diminuiscono. Perché – come diceva Falcone – ci si pente solo se lo Stato dimostra di voler far seriamente la lotta alla mafia. E sempre Falcone si chiedeva (retoricamente) perché mai tardasse a essere approvata, nonostante le sue forti sollecitazioni, una legge sui pentiti. Le sue parole, sul punto, sono illuminanti ancora oggi: «Se è vero, com'è vero, che una delle cause principali, se non la principale, dell'attuale strapotere della criminalità mafiosa risiede negli inquietanti suoi rapporti col mondo della politica e con centri di potere extra-istituzionale, potrebbe sorgere il sospetto, nella perdurante inerzia nell'affrontare i problemi del pentitismo, che in realtà non si voglia far luce sui troppi, inquietanti misteri di matrice politico-mafiosa per evitare di rimanervi coinvolti». E allora, si fanno più chiare le ragioni per cui certi ambienti preferiscono, invece che la guerra alla mafia, fare la guerra ai pentiti e ai magistrati che ne raccolgono e sviluppano le rivelazioni.

Se il terrorismo fu un fenomeno subalterno alla società italiana, la mafia, invece, spesso detta i tempi e i modi. E lo fa attraverso un complesso sistema di rapporti e favori che si intrecciano, di interessi reciproci con pezzi anche consistenti del mondo che alla mafia dovrebbe essere estraneo e ostile. Le cosiddette "relazioni esterne".

Umberto Santino – anima del Centro di documentazione Peppino Impastato – parla spesso di "borghesia mafiosa", che non significa che tutta la borghesia (siciliana e non) sia mafiosa, ma che una quota consistente di essa con la mafia ci convive, ci fa affari e non vuole rinunciare a farlo. Quindi, ecco che "l'altruità" della mafia rispetto al contesto sociale si fa più difficile, assai più rarefatta rispetto a quanto non sia stato per il terrorismo. L'interfaccia di quel che sostiene Salvatore Lupo (storico di mafia tra i più qualificati), secondo cui i risultati nel contrasto alla mafia sono stati ottenuti da una minoranza (di uomini delle istituzioni, della politica e della società), minoranza che appena possibile si cerca di isolare, perché in settori dell'imprenditoria e della politica, del sistema finanziario ed economico c'è una vera e propria "richiesta di mafia".

Così, dopo un paio d'anni in cui si respira un'aria esaltante, si assiste alla replica di un film già visto. La magistratura e le forze dell'ordine continuano la loro opera di contrasto, ma è un lavoro che passa presto di moda, e in auge tornano vecchi ma sempreverdi ritornelli. Anzi, più che ritornelli, dischi rotti, ma suonati talmente a lungo da entrarti nella testa. E non uscirne più.

Il più classico suona sulle note scassate delle azioni antimafia (quelle scomode per certi interessi, che osino uscire da confini impronunciabili quanto invalicabili), viste sempre – in un modo o nell'altro – come azioni politiche, ispirate da una fazione in danno di un'altra.

Storia vecchia, già subita da Giovanni Falcone, quando Nino Salvo, uomo d'onore della famiglia di Salemi, lo accusò di essere l'artefice di un complotto ordito dal Partito comunista ai suoi danni. Totò Riina – in una "memorabile" apparizione televisiva del 25 maggio 1994 – ammoniva a reti unificate che «Il governo deve guardarsi dai comunisti; ci sono i Caselli, i Violante; poi questo Arlacchi che scrive libri; la legge sui pentiti deve essere abolita, perché sono pagati per inventare le cose». Insuperabile, però, Matteo Messina Denaro, probabilmente il più pericoloso latitante ancora in libertà. Sfatando il logoro mito del mafioso ignorante e buzzurro, scrive lettere in cui cita Svetonio, Toni Negri, ma soprattutto il signor Malaussene, il capro espiatorio per definizione dei romanzi di Daniel Pennac. La conclusione a cui giunge è scontata: il peggior male della giustizia italiana è la politicizzazione.

Ora, Riina e Messina Denaro – e prima di loro Nino Salvo – non fanno altro che il loro mestiere di mafiosi. Ovvio. Ma se altre persone, che con la mafia non hanno nulla a che fare, ripetono le stesse identiche cose, forse è il caso di invitare tutti al buonsenso, alla responsabilità. Altrimenti, può insinuarsi proprio qui una componente del difetto di "altruità" del fenomeno mafioso.

Il primo, chiarissimo segnale che la solidarietà nazionale dei primi due anni si andava sgretolando furono le polemiche scatenate con l'arresto, nel 1995, del presidente della Provincia di Palermo Francesco Musotto, inquisito insieme al fratello per aver ospitato nella casa di famiglia niente meno che Leoluca Bagarella. L'accusa principale per entrambi era identica. Il fratello sarà condannato a cinque anni di reclusione, Francesco Musotto, invece, assolto (sia pure con lo schema tipico dell'insufficienza di prove) in tutti i gradi di giudizio.

Nulla da dire. Le sentenze si rispettano, al di là del comprensibile interrogativo sul perché un fratello tutto vede e tutto sa e l'altro no (circostanza che in fondo non si può escludere). Non è questo che conta. Il segnale più chiaro che l'aria stava cambiando furono le polemiche cominciate subito dopo l'avvio dell'azione penale nei confronti di Musotto. Neppure il tempo di distinguere di che colore fosse la copertina del fascicolo, figuriamoci capire qualcosa degli elementi d'accusa, ed ecco una manifestazione organizzata sul sagrato del Palazzo di Giustizia di Palermo, con avvocati in toga ed esponenti di Forza Italia, onorevole Miccichè in testa, in favore di telecamere.

Sarà per questo che ancora oggi – nel mio ufficio – tengo in evidenza l'originale di una vignetta di Emilio Giannelli, pubblicata dal *Corriere della sera* e intitolata "garantismo": ritrae una famiglia davanti alla tv, sbigottita alla notizia di un'inchiesta aperta sugli autori dell'arresto di Bagarella.

Può essere che fosse scattato – nei promotori di quella manifestazione – il meccanismo psicologico che Francesco Saverio Borrelli, riferendosi all'esperienza del *pool* di Mani pulite, così descriveva in un'intervista rilasciata a Marco Travaglio: «Quando scopriamo che qualcuno, uno come noi, è stato indicato, riconosciuto, colpito da un'accusa grave e circostanziata, allora la nostra prima reazione è quella di un totale e drastico rigetto della situazione: anche di fronte a "prove" evidenti, rimaniamo scettici, ci ostiniamo a negare che quello osservato possa iscriversi fra i casi di responsabilità, di collusione, di appartenenza all'area grigia. Quell'individuo è troppo simile a noi – pensiamo – è troppo "normale" per frequentare e vivere i territori che si trovano oltre la linea d'ombra che separa due mondi apparentemente divisi».

Certo è che anche a Palermo una parte della popolazione, comprese quote consistenti della borghesia ricca e colta, dopo un po' cominciò a guardare alle iniziative della procura con fastidio, perché ci considerava un impiccio, un intralcio alla normalità, perché «la legalità impediva la vita normale» (così Paul Ginsborg). A ogni passo oltre la linea d'ombra si moltiplicavano (con le provenienze più diverse) gli "avvisi ai naviganti". Insomma – lo ripeto – finché i magistrati si occupano di Riina e soci, dell'ala militare, sanguinaria e indifendibile di Cosa nostra, tutto bene. Non appena ci si affaccia al livello delle possibili complicità con politici, imprenditori, medici, insegnanti eccetera, la musica cambia. Con effetti trasversali, indiretti, di cui finisce per giovarsi, obiettivamente, anche la mafia.

In un attimo ci si dimentica che la vera forza della mafia non è soltanto la sua struttura gangsteristica. Il suo potere vero sta altrove, nelle complicità e nelle coperture. Altrimenti non saremmo qui a parlare di mafia dopo duecento anni. Nessuna banda di gangster, in nessuna parte del mondo, resiste più di 20-40 anni. Se la mafia, pur cambiando più volte pelle, infesta il nostro Paese da due secoli, vuol dire che i mafiosi sono sì gangster, ma non solo. Rinunciare ad indagare anche nella direzione delle relazioni esterne significa lasciare a metà un lavoro che va fatto senza sconti; significa rinunziare alla possibilità di vincere davvero la guerra alla mafia. Invece, chi fa antimafia seriamente viene visto come un eretico, un marziano. E allora (paradossale: ma i paradossi spesso servono per rilevare l'assurdo che impregna certe realtà), aliena rispetto alla società diventa non tanto la mafia, quanto piuttosto l'antimafia. Frattanto, l'unità delle forze politiche contro la mafia svanisce.

Nel 1994, mentre stava per insediarsi il nuovo governo di centrodestra, un giornale, *L'Italia settimanale* di Marcello Veneziani, mandò un promemoria. Un elenco di teste "da mozzare" col nuovo quadro politico. Tra le prime, quelle di Gian

Carlo Caselli e Francesco Saverio Borrelli. Fu un evidente attacco sul piano personale, ma soprattutto alla libertà e all'indipendenza delle procure più impegnate. Avvertivo in giro una gran voglia di "normalizzazione". Quella stessa che avrebbe portato *Il Giornale* ad affibbiare il vergognoso epiteto di "Capoinetto" a quel grande e coraggioso magistrato che fu Nino Caponnetto. Mentre anche il centrosinistra tendeva a dileguarsi, se è vero (è ancora Paul Ginsborg a sostenerlo) che dal 1996 in poi «uno scarso entusiasmo del potere politico» accompagnò gli inquirenti palermitani, con la conseguenza che «la questione della mafia e della magistratura più esposta non diventa una priorità nell'azione di governo».

In Italia, forse, troppa legalità e troppa giustizia danno l'orticaria. Infastidiscono in tutte le direzioni. Il re – qualunque re – non ama apparire nudo. Fra destra e sinistra vi sono differenze abissali, dietro cui c'è però un filo comune: la politica, senza distinzioni, vive di consenso; se il consenso rischia di affievolirsi oltre certi limiti per effetto di inchieste che disvelano "troppa" corruzione o "troppa" collusione con la mafia, ecco che la politica – tutta la politica – più o meno consapevolmente finisce per non accettare quelle inchieste. E se prima le sostiene, a un certo punto le rifiuta o le svaluta.

Eppure, esplorare «il versante osceno del potere, quello che sta fuori dalla scena pubblica» (parole di Roberto Scarpinato) resta doveroso. A meno di essere "scaltri", sul modello di quei magistrati che Giuseppe Di Lello (componente del *pool* di Falcone) stigmatizza come sempre pronti a riconoscere in teoria la pericolosità della mafia nelle sue connessioni con il potere politico ed economico, ma altrettanto pronti – nel momento di passare all'azione – a colpire soltanto l'ala militare. Una dote particolare: se si è "scaltri", si può essere sicuri che di problemi se ne avranno davvero pochi.

La procura di Palermo del dopo stragi, invece, doverosamente rifiutò ogni scaltrezza. Cercammo anzi di proseguire un lavoro interrotto anni prima, non ci inventammo nulla. Basta leggere quanto scrisse Falcone negli atti del Maxiprocesso: «Esistono singolari convergenze tra interessi mafiosi e interessi attinenti alla gestione della cosa pubblica, fatti che non possono non presupporre un retroterra di segreti e inquietanti collegamenti che vanno al di là della mera contiguità, che devono essere individuati e colpiti se si vuole davvero voltare pagina». In altre parole, se si indaga soltanto sulla faccia illuminata del pianeta mafia e non anche sulla sua parte in ombra, si garantisce l'impunità al vero perno della potenza mafiosa.

La guerra alla mafia, insomma, si inceppa quando si sfonda il cordone sanitario delle relazioni esterne. Allora non sei più un magistrato che fa il suo dovere, ma un oltranzista giacobino, un estremista militante, un giustizialista, una toga rossa.

Consola poco ricordare – *si parva licet componere magnis* – che più o meno la stessa cosa accadde al *pool* di Falcone e Borsellino, lasciati in pace, ripetiamolo, finché non toccarono Ciancimino, i cugini Salvo, i Cavalieri del lavoro di Catania. Allora divennero "professionisti dell'antimafia", magistrati che usavano i pentiti in modo spregiudicato, che piegavano la funzione giudiziaria a finalità politiche di parte. Calunnie che avrebbero portato all'azzeramento del metodo di lavoro del *pool*.

E quando Falcone lo recuperò lavorando al ministero, la mafia – con le stragi – cercò di seppellirlo definitivamente con l'esplosivo. Per fortuna senza riuscirci. Le stragi, anzi, finirono per operare come un imperativo morale a *fare*. A "fare" proprio seguendo il metodo Falcone. Così è stato per tanti uffici giudiziari italiani. Fra gli altri, in particolare, la procura di Palermo del dopo stragi.

Un metodo efficace per perdere una guerra è quello di presentare in campo un esercito tipo armata Brancaleone. Eppure proprio così si è agito nei confronti della procura di Palermo del dopo stragi. Le sentenze emesse in alcuni processi "famosi" hanno suscitato un comprensibile clamore, sul quale si è innestata una spregiudicata strumentalizzazione. Sull'onda della quale è stato inscenato un vero e proprio processo alla stagione giudiziaria successiva alle stragi del 1992. Ignorando deliberatamente i successi ottenuti e falsificando i dati sui cosiddetti processi "eccellenti", si sentenzia, a vanvera, di fallimento. Ecco: parlare di fallimento non soltanto è un'idiozia, è un'offesa vergognosa. La procura di Palermo, in quegli anni, ha contribuito a salvare questo Paese. Non pretendiamo di essere avvolti nella bandiera tricolore, ma di essere rispettati – dati alla mano – questo sì. Magari criticati, ma comunque rispettati. L'esempio più clamoroso del supposto fallimento – e come potrebbe essere altrimenti? – è il processo Andreotti. Si parla di un'assoluzione che non esiste (per i fatti fino al 1980) e se ne parla come se ci fossimo inventati tutto in malafede, mentre c'è un riconoscimento di responsabilità precisa confermato in Cassazione, cui non segue la condanna semplicemente perché, come ormai tutti dovrebbero sapere, il reato commesso è prescritto. Ma di questo parleremo diffusamente a parte. Qui voglio solo ricordare quanto afferma David Lane in un'intervista del marzo 2009 pubblicata dal *Venerdì* de *La Repubblica*: premesso che «i politici e i media hanno raccontato un'altra storia, come se la Suprema Corte avesse detto che (Andreotti) era innocente», Lane chiede che cosa questo fatto comporti «sulla determinazione nella lotta al crimine», e risponde che si tratta di «un messaggio chiaro, che piace ai mafiosi». Ovviamente non è con messaggi di questo tipo che si vince la guerra alla mafia.

Certo, c'è un problema: perché – applicando sempre lo stesso metodo – si ottengono risultati diversi a seconda dei diversi tipi di imputati? Perché i processi contro l'ala militare di Cosa nostra si concludono regolarmente con ergastoli e centinaia di anni di carcere, mentre i processi agli imputati "eccellenti" hanno esiti assai più controversi (talvolta condanne, talvolta assoluzioni; spesso pronunce contraddittorie lungo i tre gradi di giudizio)?

Lo scarto si può provare a spiegare, ragionando con onestà intellettuale, partendo dal dato di fatto che i pubblici ministeri che sostengono l'accusa sono gli stessi. Stessi uomini, stesso metodo di lavoro. Per cui, delle due l'una: o sono bravi magistrati quando si tratta di mafiosi doc e magistrati incapaci di fronte ad altre categorie di imputati, oppure la spiegazione sta altrove. Provare i delitti di mafia, prima di tutto, è relativamente più facile. Per quanto si tenti di occultarne le tracce, un omicidio, in un modo o nell'altro, ne lascia. Per le relazioni esterne e le collusioni, invece, non ci sono dna, esami medico-legali, perizie e consulenze. Tutto, anzi, è protetto dalla segretezza e dalla compartimentazione più assoluta, perché qui sta la vera forza del potere mafioso. Dunque la prova è oggettivamente più difficile. Può anche darsi che i criteri di valutazione della prova non siano sempre gli stessi. In ogni caso, per trovare la spiegazione dello scarto si dovrebbero studiare le sentenze – tutte, quelle di condanna come quelle di assoluzione – e non giocare sulla disinformazione. Si vedrebbe che si è sempre indagato con rigore su fatti specifici e concreti. Si constaterebbe che vi sono state molte significative condanne anche nella fascia degli imputati "eccellenti". Si distinguerebbero le assoluzioni piene (quando ve ne siano state) da quelle per sostanziale insufficienza di prove. Si potrebbero rilevare assoluzioni che sono intervenute anche in presenza di realtà sconvolgenti, nelle quali l'intreccio di interessi fra politici, imprenditori e mafiosi è costante (e ritenuto sussistente nelle stesse sentenze assolutorie). Partendo da queste realtà si potrebbe anche – hai visto mai... – riesumare quella questione morale che in Italia soffre di una terribile eclissi. Leggendo le sentenze, verrebbe dato il giusto rilievo alle prescrizioni, che possono essere, come già si è visto, mancate condanne per reati *effettivamente commessi*. Si capirebbe come l'inerzia di fronte a imputati di rango sarebbe stata illegale e scorretta, ancorché comoda, e avrebbe fatto perdere credibilità a tutte le altre inchieste. Risulterebbe evidente che chi ci accusa di aver costruito teoremi o è pigro o è disonesto. E non si potrebbe far finta di dimenticare che il riconoscimento della bontà del suo operato il pm lo ottiene tutte le volte che vi è il rinvio a giudizio da parte del gip. È in quel momento che il giudice terzo riconosce che l'impianto accusatorio non è un teorema ma un insieme di fatti che deve essere verificato in sede dibattimentale. Ma in questo Paese si parla e si discute come se il gip neanche esistesse. Altrimenti come si farebbe a prendersela con i pm?

In alcuni casi, studiando le sentenze ci si potrebbe anche chiedere – con il massimo rispetto a tutti dovuto – se esse non siano per certi versi sintomatiche di un fenomeno che l'analisi storica delle iniziative giudiziarie e degli orientamenti giurisprudenziali in materia spesso evidenzia, vale a dire una certa oscillazione degli indirizzi che ciclicamente si presenta nei processi di mafia a seconda degli orientamenti politico-culturali dominanti in un dato momento storico. È noto infatti che la stagione delle assoluzioni per insufficienza di prove degli anni Sessanta-Settanta coincide con il clima di lassismo nei confronti della mafia allora imperante. E che la positiva stagione dei maxiprocessi è anche il risultato della reazione agli omicidi mafiosi fra la fine degli anni Settanta e l'inizio degli anni Ottanta, reazione che produce anche una nuova legislazione d'indirizzo. Poi subentra una nuova fase di stallo, che di fatto favorisce il vergognoso smantellamento del *pool* di Falcone e Borsellino.

Comunque sia, l'opera di deformazione della verità richiama alla mente quel che più di cento anni fa, nel suo saggio *Che cosa è la mafia*, scriveva Gaetano Mosca: il funzionario pubblico onesto «presto comprende [che] se vuole combattere i soliti onorevoli usi a trescare colle cosche mafiose [...] dovrà intanto essere esposto alle trame e alle calunnie che si ordiranno contro di lui a Roma». E «se non riesce, sarà addossata a lui la responsabilità dell'insuccesso». Poco è cambiato, da allora, se è vero – come sostiene la sociologa Alessandra Dino – che oggi la mafia costituisce un «*network* potente e articolato, che comprende esponenti del mondo della politica, dell'economia, delle professioni. Pezzi di classe dirigente che, proprio perché tali, non hanno bisogno di sparare o far sparare, perché possono facilmente eliminare i propri avversari con le leggi, con i provvedimenti disciplinari e amministrativi, con le censure, con gli strumenti del monopolio». Se così stanno le cose, forse siamo tornati ai tempi della cerbottana contro il carro armato. Ecco, purtroppo è così che si perdono le guerre che si possono vincere.

Insomma: riflettendo sulla mia esperienza palermitana posso dire che lo Stato, contro la mafia, per certi profili legati alle "relazioni esterne" si è fermato a undici metri dalla fine, come se dovesse tirare un calcio di rigore, al novantesimo. Ma invece di tirare, è rientrato negli spogliatoi.

Nello stesso tempo, su di un altro – decisivo – versante la partita non è neppure cominciata. Al massimo c'è stato qualche palleggio di prova. Voglio dire che se si vuol vincere una guerra bisogna anche preoccuparsi della popolazione civile, cercare di farsela amica. Lo sapeva bene dalla Chiesa. Intervistato da Giorgio Bocca per *Repubblica* il 10 agosto 1982, pochissimi giorni prima di essere ucciso dalla mafia, il generale aveva detto: «Ho capito una cosa molto semplice ma forse decisiva: gran parte delle protezioni mafiose, dei privilegi mafiosi caramente pagati dai cittadini non sono altro che i loro elementari diritti. Assicuriamoglieli, togliamo questo potere alla mafia, facciamo dei suoi dipendenti i nostri alleati». In altre parole, se i diritti fondamentali dei cittadini non sono soddisfatti, i mafiosi li intercettano e li trasformano in favori che elargiscono per rafforzare il loro potere. Così la mafia vince sempre. E i mafiosi ne sono ben consapevoli. Lo spiegò con schietta brutalità Pietro Aglieri al pubblico ministero Alfonso Sabella: «Quando voi venite nelle nostre (*sic*) scuole a parlare di legalità e giustizia, i nostri (*sic*) ragazzi vi ascoltano e vi seguono. Ma quando questi ragazzi diventano maggiorenni e cercano un lavoro, una casa, assistenza economica e sanitaria, a chi trovano? A voi o a noi?». Ecco, finché i cittadini, invece dello Stato, troveranno soprattutto i mafiosi, finché saranno costretti a essere sostanzialmente loro sudditi, la guerra alla mafia non sarà vinta.

5.
Amici

Ogni guerra ha un sinonimo prevalente, ed è il dolore. Non esiste morte senza dolore, e la morte di un amico – di tanti amici – è un dolore grande, incancellabile. Ogni guerra ha i suoi eserciti, uomini che attaccano e invadono, altri che difendono e proteggono. La scorta armata può salvarti la vita, com'è successo a me e tanti altri. Ma può non essere sufficiente (Moro, Falcone, Borsellino). Può persino non esserci. Emilio Alessandrini e Guido Galli, loro la scorta non l'hanno mai avuta – o non l'hanno mai voluta –, e anche per questo sono morti.

Emilio Alessandrini, come tutti gli italiani onesti, l'avevo apprezzato per la sua inchiesta sulla strage di piazza Fontana. Un modello di indipendenza e coraggio. La traduzione in cifra operativa della massima che il magistrato libero deve avere la forza di fare quel che gli dettano legge e coscienza, quali che siano le pretese della piazza o del potere. Quanto al mio lavoro, lo ricordo innanzitutto perché fu sua l'idea delle riunioni periodiche tra magistrati (giudici istruttori e pubblici ministeri) che si occupavano di terrorismo. Incontri "fai da te" che si rivelarono decisivi – ne abbiamo già parlato – per la circolazione di notizie e per il coordinamento delle varie attività inquirenti in tutta Italia.

Una settimana prima che fosse ucciso, vidi Alessandrini a Cadenabbia, sul Lago di Como. L'occasione fu un incontro di studio fra giuristi italiani e tedeschi, organizzato dalla Fondazione Adenauer, sui temi del terrorismo e dell'eversione. Un appuntamento di carattere culturale, non operativo. Su questo seminario si romanzò parecchio dopo l'attentato, ma senza fondamento alcuno.

Conservo soprattutto l'immagine dei momenti di relax, qualche partita a carte in allegria, con Alessandrini a dominare la scena con la sua affabilità, le sue battute, la sua esuberante comunicativa.

Il 29 gennaio 1979 Alessandrini venne falciato da un commando di Prima linea, subito dopo aver accompagnato il figlio a scuola. I ricordi saltano subito al suo funerale. Partimmo da Torino in tanti, accompagnati dal consigliere istruttore Mario Carassi, che da Torino non si muoveva mai, ma che quel giorno sentì l'esigenza di esserci, per salutare Emilio. Arrivammo con un certo anticipo, ma neppure la polizia riuscì a farci avvicinare più di tanto (figuriamoci entrare) al duomo di Milano: c'era un mare di gente, insieme al presidente Sandro Pertini, per ricordare questo straordinario magistrato e per testimoniare, con una presenza massiccia, l'ostilità della città – umana e politica – verso gli assassini.

Se Prima linea ancora si illudeva che il popolo fosse dalla sua parte, l'immensa folla di quel giorno al funerale di Emilio significò – politicamente – una sberla fortissima. Scrissero, nei loro volantini pieni di astrazioni fanatiche, di aver eliminato un magistrato capace e democratico: come tale pericoloso. Pericoloso in quanto rappresentava – con le sue qualità e per la stima di cui godeva – la faccia credibile dello Stato. Faccia non compatibile con la lotta armata, perché quanto più uno Stato non è credibile, tanto più il terrorismo può autogiustificarsi e fare proseliti. Se invece lo Stato – pur con tutte le sue contraddizioni – risulta diverso da quel che si crede, le certezze fanatiche che hanno spinto alla violenza criminale si rivelano illusorie e crollano.

Prima linea uccise Alessandrini perché stava "rompendo il giocattolo", la proiezione delle loro elucubrazioni mentali, dello Stato fascista e repressivo.

Usarono motivazioni simili con Guido Galli e poi con Walter Tobagi, cronista del *Corriere della sera* ucciso perché "intelligente".

La Cassazione – come nel caso di Sossi e del procuratore Coco – assegnò a Torino il fascicolo sull'omicidio Alessandrini. Lavorando in *pool* con altri colleghi, ebbi modo di contribuire all'individuazione e cattura di tutti i colpevoli. Fra questi Marco Donat-Cattin, figlio del senatore Carlo. L'inchiesta si intrecciò con le ombre del caso Cossiga di cui parleremo in seguito.

Mille e mille sono i momenti collegati all'inchiesta che si affollano nella mia mente. Ne scelgo alcuni.

Per cominciare un vero e proprio caso da manuale di psicologia della testimonianza: quel 29 gennaio, a Milano, all'incrocio tra viale Umbria e via Muratori, furono in molti ad assistere all'agguato. Ma non ci fu una sola testimonianza concorde sull'abbigliamento e l'aspetto dei terroristi che – oltre a sparare – lanciarono un fumogeno per agevolare la fuga e seminare il panico. Classico esempio di rievocazioni totalmente diverse a opera di soggetti convinti di ricordare bene, ma condizionati dalla situazione di grande emotività e tensione. L'avevo letto nei libri che in perfetta buona fede i testi riescono a essere – sui particolari – molto imprecisi, sempre, anche in situazioni "normali". Ora lo toccavo con mano, confrontando i verbali.

Ricordo poi lo spezzone dell'indagine (eravamo agli inizi e si cercava in ogni direzione) relativo a una cena a casa di un magistrato milanese cui presero parte, oltre a Emilio Alessandrini e sua moglie, Toni Negri e Tiziana Maiolo. Un incontro che qualcuno pensò – in maniera per la verità piuttosto romanzesca – di collegare all'omicidio di Emilio, ma che altro non era se non la prova della profonda curiosità intellettuale di Alessandrini, disposto ad avvicinarsi, per meglio conoscerlo, a tutto ciò che poteva essergli utile sul lavoro. Certo è che Alessandrini confidò ad Armando Spataro che i discorsi di Negri lo avevano molto imbarazzato e indispettito.

Sullo sfondo, rammento anche la preoccupazione di non farcela, a scoprire la verità. Con quella posta in gioco (una banda di criminali in libertà, la democrazia a rischio, un collega carissimo ucciso) facile farsi prendere dall'ansia per il carico di responsabilità. Per fortuna c'erano gli amici a sostenermi, come la volta in cui Carmen Manfredda (allora magistrato a Milano e oggi in *Eurojust*) mi confidò che l'assegnazione dell'inchiesta a noi di Torino dava la certezza – a tutti i colleghi – che i colpevoli sarebbero stati presi.

Con Guido Galli (grande giurista, autore di molte pubblicazioni di alto livello) era nata una forte amicizia. Era giudice istruttore come me, lavorava in un ufficio identico al mio, simili le inchieste. Naturale che in quegli anni ci si frequentasse con assiduità.

Conservo di lui un ricordo geloso, semplice ma rivelatore della sua straordinaria dolcezza. Il Csm non si era mai occupato dei magistrati impegnati sul fronte dell'antiterrorismo. Come se neppure esistesse un problema Br o Pl. L'omicidio del suo vicepresidente Vittorio Bachelet costrinse il Csm a svegliarsi. All'inizio in un modo bislacco, che denotava ancora una gran paura di esporsi. Nel febbraio 1980 si organizzò un incontro praticamente clandestino, in Toscana. Galli e io fummo tra i pochi magistrati invitati. Rispettando le disposizioni ricevute (non dare nell'occhio), arrivammo insieme a notte avanzata – io senza la solita scorta – in una città a quell'ora deserta. Di taxi nemmeno l'ombra. Raggiungemmo a piedi l'albergo e il giorno dopo partecipammo a questo incontro dal sapore carbonaro nella casa privata di un componente laico del Csm (per altro ospitalissima); davvero una riunione per pochi intimi ma sostanzialmente inutile. Al ritorno Galli e io finimmo in qualche modo alla stazione di Bologna per tornare a Milano. Il treno era ancora in formazione, le luci ancora spente, ma noi salimmo ugualmente sul vagone, al buio. A un certo punto vidi Guido estrarre dalla valigia quattro o cinque giornali a fumetti, dei *Topolino*. Mi venne spontaneo punzecchiarlo sugli insigni giuristi appassionati di *comics*. Mi spiegò che erano per i suoi figli. Al che gli dissi che, non appena avrebbero finito di leggerli, avrebbe potuto passarli a me, che li avrei regalati a mio figlio Stefano, prossimo al compleanno. Parole, tanto per ingannare l'attesa.

Un paio di settimane dopo ci ritrovammo nel suo ufficio a Milano. Sulla sua scrivania trovai un pacchetto avvolto in carta colorata, con tanto di fiocco. Fumetti – nuovi, ovviamente – per mio figlio, che compie gli anni il 15 marzo. Stefano li ricevette in dono al mio ritorno a Torino.

Guido invece il 19 marzo 1980 incontrò i suoi assassini. Gli spararono alla schiena e al volto alla Statale di Milano, dove era andato per tenere una lezione del suo corso. Era lì, fra gli studenti, ovviamente solo e senza scorta. Ricordo di aver poi saputo che a casa sua si poteva entrare tranquillamente, senza nemmeno suonare il campanello. La porta era sempre aperta. Una filosofia di vita che non contemplava protezioni o tutele.

In quei giorni di marzo del 1980 Patrizio Peci, arrestato a Torino il 19 febbraio, ebbe una serie di colloqui con i carabinieri del generale Carlo Alberto dalla Chiesa, autorizzati da noi magistrati di Torino. Peci era ancora soltanto un confidente, non un collaboratore di giustizia. C'erano però – anche per noi – già mille adempimenti. E io, il giorno che Galli venne assassinato, ricordo di aver girato come una trottola per l'Italia. Sta di fatto che riuscii ad arrivare al Palazzo di giustizia di Milano, dov'era stata allestita la camera ardente di Guido, solo a notte fonda. Salii al buio le scalinate di corso di Porta Vittoria e raggiunsi la salma, a quell'ora ancora vegliata da due colleghi in toga. Pochi minuti per salutare il mio grande amico con una preghiera e uscii. Quindi scorsi al fondo della scalinata il capitano Bonaventura, uno degli uomini di dalla Chiesa:

«Il generale vorrebbe parlarle...».

«Adesso?».

«Adesso».

Mi portarono in via Moscova, sede del Comando provinciale dei carabinieri di Milano. Trovai un dalla Chiesa molto preoccupato e agitato. Mi raccontò che nel carcere di Cuneo su Patrizio Peci si stavano concentrando le attenzioni di «altri corpi dello Stato», senza specificare bene quali. Accennò a un ventilato progetto per farlo evadere dal carcere e portarlo altrove. In sostanza, qualcuno voleva interferire con l'operazione che i carabinieri avevano iniziato d'intesa con noi, volevano "scippare" Peci, per farne ciò che solo Dio (e i servizi) sapeva. Dunque il generale mi chiese di intervenire.

Subito tornai a Torino. Poche ore di sonno e poi chiesi una riunione straordinaria con il consigliere Mario Carassi, Bruno Caccia, i colleghi magistrati dei *pool* (giudici istruttori e pm). Riferii i timori del generale dalla Chiesa. Senza tanto discutere, si decise di fare ciò che allora era nei poteri del magistrato titolare dell'inchiesta nei confronti dell'imputato: disporre il trasferimento di Patrizio Peci dal carcere di Cuneo a quello di Torino, per sottrarlo alle "attenzioni particolari" temute. Il 1 aprile 1980 Peci chiese di parlare con un magistrato: fu l'inizio della fine delle Brigate rosse. Un percorso che ebbe una tappa decisiva proprio il giorno della morte di Guido Galli.

Anche l'inchiesta per l'omicidio di Galli venne assegnata dalla Cassazione a Torino e quindi al *pool* di cui anch'io facevo parte. Le indagini ricevettero un impulso decisivo quando una ragazza, che aveva avuto un ruolo nella custodia delle biciclette usate dai killer per raggiungere l'università, dopo un'ostinata negazione, decise di collaborare. E dire che stavamo perdendo la speranza, tant'è che mentre conducevo l'interrogatorio, cercando di chiudere la ragazza nella stretta delle sue contraddizioni e menzogne, un collega mi porse un bigliettino con su scritto: «basta, tempo perso».

A Guido Galli ed Emilio Alessandrini avrei ripensato quasi ogni giorno una decina di anni dopo, quando – dopo l'esperienza al Consiglio superiore della magistratura – nel lungo periodo di attesa prima di riprendere servizio in un ufficio giudiziario, accettai la proposta di Luigi Ciotti di coordinare il settore culturale del Gruppo Abele (cioè le attività che radunano la casa editrice, il centro studi, l'università della strada). Avrei ripensato a Galli e Alessadrini perché lavoravano nel Gruppo (come semiliberi) alcuni ex terroristi pentiti o dissociati, tra i quali proprio colui che aveva materialmente sparato a Guido ed Emilio. Con lui non ebbi mai nulla a che fare direttamente, ma le occasioni di incrociarlo nella sede del Gruppo erano ovviamente frequenti. Se negassi il disagio, mentirei. C'era nell'aria, però, uno sforzo autentico di educare alla tolleranza chi aveva sbagliato, di portarlo su percorsi di dialogo e di abbandono delle passate rigidità che attenuava il disagio. Un piccolo miracolo di Luigi Ciotti, capace di coniugare insieme comprensione e fermezza, occupandosi della persona insieme ai suoi problemi.

E proprio in quel periodo – spero anche col mio contributo – il Gruppo cominciò a porre come prioritario il tema della legalità, fondamento e garanzia di democrazia e solidarietà. Nacque di qui l'idea di *Libera*, che avrà nel tempo un ruolo fondamentale per la costruzione della cosiddetta antimafia sociale e dei diritti. A Palermo (dove chiesi di andare a lavorare anche dopo lunghe consultazioni con Ciotti) in *Libera* ho trovato sempre un riferimento prezioso. Nei momenti più difficili, una boccata d'aria pulita che aiutava a tirare avanti.

Nel 1980, quando Prima linea uccise Galli, i morti, il sangue, le lacrime e i funerali erano da tempo un corollario insopportabile di giornate infinite e ripetitive, scandite dai giornali radio della mattina che risuonavano come bollettini di guerra. E se nessuno era stato colpito, era già una buona notizia.

Nel 1974 no, quella guerra unilateralmente dichiarata era soltanto agli inizi. Il primo amico a cadere fu il maresciallo Felice Maritano. Lo chiamo amico, anche se con lui non avevo avuto rapporti stretti come con altre vittime della violenza terroristica. Ma era stato il primo, ero rimasto in sua compagnia pochi minuti prima che venisse ucciso. In passato l'avevo conosciuto soprattutto in foto. Le foto che documentavano l'arresto di Renato Curcio e Alberto Franceschini a Pinerolo, nel settembre

1974, nelle quali – sul bordo della strada – si vedeva un tranquillo signore che assisteva alla scena. Così tranquillo che Franceschini, temendo di avere a che fare non con carabinieri ma con aggressori fascisti, proprio a lui – a Maritano – si rivolse per chiedere aiuto.

Un mese dopo i carabinieri, grazie a una lettera recapitata in un appartamento di Milano già in uso alle Brigate rosse, risalirono a un alloggio di Robbiano di Mediglia, in provincia di Milano. Ordinai immediatamente la perquisizione, dettando il decreto al telefono. All'altro capo del filo, scriveva il maresciallo Atzori, un sardo tenace, di eccezionali qualità investigative. A Robbiano trovammo un vero e proprio forziere. L'appartamento era pieno zeppo di materiale preziosissimo per le indagini (il verbale di sequestro riempì un centinaio di pagine): prove sicure di decine di attentati, a partire dal sequestro Sossi, materiale sulla morte di Giangiacomo Feltrinelli, su Marco Pisetta (il primo "infiltrato" della storia delle Brigate rosse) e *Controinformazione* (la patinata rivista di fiancheggiatori su cui Caccia e io avremmo fatto un'inchiesta parallela a quella dei "capi storici") e un'infinità di altri argomenti che alle Br interessava documentare.

All'una del 14 ottobre si presentò a Robbiano il brigatista Pietro Bassi, subito bloccato dai carabinieri. Stessa sorte, alle nove e mezza di sera, toccò all'altro brigatista titolare della base, Pietro Bertolazzi. I più importanti arresti dopo quelli di Ferrari, Curcio e Franceschini.

Bruno Caccia e io decidemmo di fare un sopralluogo nella notte. Entrammo nel covo per parlare con i carabinieri, impegnati a repertare tutto il materiale. C'era anche il maresciallo Maritano. Dopo l'arresto di Bassi e Bertolazzi, gli uomini dell'Arma erano convinti che potesse ancora arrivare qualcuno, così aspettavano nascosti all'interno dell'appartamento.

Intanto Caccia e io rientrammo a Torino.

L'intuizione dei carabinieri fu precisa. Alle tre e mezzo del mattino si presentò a Robbiano il brigatista Roberto Ognibene. Probabilmente era saltato un appuntamento con Bassi e Bertolazzi e voleva capire meglio. Qualcosa lo insospettì mentre era già sulle scale e cercò di scappare. I militari lo inseguirono intimandogli di fermarsi, ma Ognibene sparò – e a sua volta venne ferito – uccidendo il maresciallo Felice Maritano.

Avvertiti dai carabinieri, Caccia e io tornammo subito a Robbiano, la mattina prestissimo. I carabinieri erano comprensibilmente molto nervosi e quel viaggio sull'autostrada Torino-Milano, con le macchine lanciate a una velocità folle e mai una precedenza rispettata, lo ricordo ancora oggi con angoscia. Andai in ospedale dove Ognibene era ricoverato. Gli chiesi se avesse qualcosa da dichiarare, lui nemmeno mi guardò in faccia.

I funerali di Felice Maritano – a cui tra l'altro è intitolata la scuola media che frequenterà mio figlio – si celebrarono a Genova, in un clima molto teso. Fu in quella triste occasione che incontrai per la prima e unica volta il procuratore generale Coco. Lo avvicinai sul sagrato della chiesa, al termine della messa, e ne approfittai per salutarlo e scusarmi: non avevo ancora trovato il tempo di riferirgli, nella sua qualità di più alto magistrato genovese, notizie sull'inchiesta Sossi, che su Genova era imperniata. Coco accettò le mie scuse, ma mi fece chiaramente capire che erano dovute.

Considero anche il procuratore Coco un amico (pur avendolo incrociato solo in tale circostanza), perché – come abbiamo già visto – seppe opporsi al ricatto delle Br. Un gesto che pagò poi con la vita. Chi sa dare prova di coerenza e coraggio, pur sapendo di rischiare la pelle, dimostra di credere in valori che ne fanno appunto un amico.

Il nostro è un Paese dalla memoria corta, questo lo sappiamo. Talvolta, a rinfrescarla, vengono in soccorso i luoghi. A Torino, l'incrocio tra corso Regina Margherita e corso Belgio si chiamava largo Belgio. Oggi porta il nome di Rosario Berardi, maresciallo di polizia che proprio lì – il 10 marzo del 1978 – venne colpito a morte dalle Brigate rosse.

Di Berardi ho un ricordo assai affettuoso, perché con lui, grazie a un piccolo gesto, si instaurò subito un ottimo rapporto, in occasione dell'interrogatorio di Paolo Maurizio Ferrari.

Ferrari, accusato del sequestro Labate, fu il primo brigatista arrestato che mi trovai di fronte. Era il 1974. Rispose alle domande, si difese, senza rendersi conto che molte cose che diceva – alla fine – portavano acqua al mulino dell'accusa. Ferrari era davvero un personaggio con un suo spessore. Scontò fino all'ultimo secondo di carcere (condannato a trent'anni per banda armata e per vari reati commessi durante la detenzione: ma non sparò mai un colpo), senza mai cedere alla tentazione di scrivere una "domandina" per qualche permesso o beneficio, come tantissimi altri – anche "irriducibili" – fecero. Pur tra i fondatori di un'organizzazione terroristica sanguinaria e nell'affermazione delle sue gravi responsabilità, merita rispetto. Cresciuto a Nomadelfia, tra i ragazzi di don Zeno, al riscatto degli ultimi – anche se aveva scelto la via peggiore – ci credeva davvero.

Tornando all'interrogatorio di Ferrari, quel giorno seduto accanto a me, in questura, c'era appunto il maresciallo Berardi. Mi diede una mano a verbalizzare, visto che – esattamente come oggi – c'era carenza di cancellieri e segretari. A un certo punto arrivò nella stanza un alto funzionario di polizia che lo chiamò a sé. Poco dopo Berardi ritornò, con aria contrariata. Gliene chiesi il motivo e mi rispose: «Mi dicono che non rientra nei miei compiti verbalizzare per un magistrato. Ma sa cosa le dico? Io disobbedisco. Stiamo facendo lo stesso lavoro e non vedo perché non dovremmo darci una mano».

Si stabilì fra noi – e rimase inalterato nel tempo – un ottimo, forte rapporto.

Berardi lo uccisero il giorno della prima udienza della terza e decisiva tornata del processo ai "capi storici" delle Brigate rosse. Aveva fatto parte del Nucleo antiterrorismo di Emilio Santillo che – come il Nucleo del generale dalla Chiesa – era stato inspiegabilmente disarticolato. La ristrutturazione dei Nuclei speciali – che pure tanti risultati avevano ottenuto – fu un fatto così assurdo che le Br pensarono a un *bluff* per depistarle. Tanto che uccisero Berardi anche per rendere il Movimento edotto che i Nuclei non erano stati sciolti, ma solo distribuiti sul territorio in modo da poter meglio fronteggiare l'antagonismo sociale. Non era vero, ma alle Br, per uccidere, bastava crederlo.

Ricordo bene il funerale. Uno dei tanti, troppi, nella Torino di quegli anni cupi, dove dolore, paura e sdegno si mescolavano togliendo il respiro.

Un destino, quello di Rosario Berardi, tragicamente simile a quello di Antonio Esposito. Un grande poliziotto. Un altro amico. I brigatisti uccidevano simboli e li declinavano per date, con un culto delle ricorrenze da ragionieri della morte. Berardi morì a Torino nel giorno in cui ripartiva il processo ai "capi storici". Esposito a Genova nel giorno in cui la Corte d'Assise si ritirava in Camera di consiglio.

Ad Antonio Esposito, come a Berardi, ho sempre attribuito una delle più grandi intuizioni nella lotta al terrorismo: l'indagine catastale. Per le loro operazioni Brigate rosse e Prima linea avevano bisogno di case (i "covi", come li ribattezzava il gergo giornalistico). All'inizio gli alloggi venivano affittati, ma – "cadute" le prime basi – i brigatisti cercarono un sistema più sicuro, decidendo di comprarli. Il copione era sempre lo stesso: un membro dell'organizzazione si recava da un notaio per il rogito con una carta d'identità compilata usando un modulo autentico (se ne rubavano spesso intieri stock), ma con nome e cognome di fantasia, così come il luogo e la data di nascita. Il ricorso a questo sistema emerse una prima volta quando, a Pianello Val Tidone, venne localizzata una casa diroccata che le Br (lasciandovi peraltro documenti preziosi per le indagini, prima di abbandonarla) avevano usato come base. Se ne ebbe poi conferma scoprendo l'appartamento di via Fea 5 bis a Torino, cui arrivammo dopo l'arresto di Paolo Maurizio Ferrari, e poi ancora nel covo di Robbiano.

Immobili tutti regolarmente acquistati, ma da soggetti che non esistevano nell'anagrafe delle città in cui – stando al rogito – dovevano essere nati. Fu a questo punto che Esposito ebbe l'intuizione dell'indagine catastale: analizzare tutti i contratti d'acquisto di case con precise caratteristiche (due camere e servizi, periferia popolare, piani bassi per facilitare la fuga...) registrati in un determinato periodo di tempo, un biennio, nelle zone a maggior densità di attività terroristica, soprattutto le grandi città del Nord. Se all'anagrafe del comune di nascita il compratore segnato sul contratto del catasto esisteva, nessun problema; ma se l'acquirente non risultava iscritto all'anagrafe andavamo sul sicuro: l'appartamento era un covo delle Br.

E le basi cadevano una a una, fino a quando i terroristi capirono che sapevamo. Il giorno dell'irruzione in un appartamento dell'*hinterland* torinese, trovammo un covo delle Br ormai "freddo", cioè completamente svuotato, con dentro solo un cartello: «Benvenuti Caselli e Criscuolo» (Criscuolo era il vice di Santillo).

Questo era Antonio Esposito, un poliziotto giovane e intelligente, pacato e riflessivo. Dopo lo smembramento e la diaspora dei Nuclei speciali, tornò a Genova – casa sua – per dirigere il commissariato di Nervi. Come nel caso di Berardi, le Brigate rosse non credettero che i Nuclei fossero stati davvero smantellati. Gli spararono il 21 giugno del 1978, mentre stava andando al lavoro in pullman. Come per Berardi, ucciderlo significava anche una vendetta: bisognava punire, dando prova della capacità di rappresaglia delle Br, alcuni artefici dell'indagine che aveva portato all'arresto dei "capi storici". "Colpirne uno (o più di uno) per educarne cento": uno slogan che le Br non si limitavano a scrivere sui volantini con la stella a cinque punte.

Il ricordo – di nuovo – va al funerale di un amico. Entrai in chiesa e non sapevo bene dove mettermi, se stare in mezzo alla gente o andare un po' più avanti. Fu la moglie di Antonio, Annamaria, che ancora non conoscevo, a togliermi d'imbarazzo: «Venga davanti con noi – mi disse – in prima fila, accanto a me. Mio marito avrebbe voluto così». Quando incontri i familiari di persone che hanno lavorato con te e che sono morte mentre tu sei vivo, non sai mai a quale reazione vai incontro: c'è sempre il timore di essere visto come una specie di sopravvissuto, o peggio, sopravvissuto grazie al sacrificio altrui. Sono cose che pos-

sono dare profondo turbamento. Annamaria que
accolse con immediato affetto, tanto che, poco dopo
Antonio, passò – insieme ai suoi due piccoli figli – al
ni insieme alla mia famiglia, in Val di Susa.

In questi anni di lotta al terrorismo ebbi il privilegio di lavorare con il generale Carlo Alberto dalla Chiesa. Dopo il rapimento Sossi, i carabinieri crearono il Nucleo speciale di cui abbiamo già più volte parlato. La sua ragione sociale (scritta nell'atto costitutivo) era la cattura dei sequestratori. Formalmente era diretto da un colonnello dell'Arma (Franciosa prima e Regalbuto poi), ma di fatto comandava dalla Chiesa. Capì subito che se voleva ottenere dei risultati doveva disubbidire allo statuto del Nucleo. Nel senso che, prima degli autori di un sequestro, bisognava trovare le Brigate rosse come organizzazione, vale a dire che si dovevano accertare la struttura della banda, i suoi obiettivi, le forme di proselitismo e reclutamento, le fonti di finanziamento, i modi di procacciamento delle basi e delle armi. Inserendo nel quadro generale così formato i singoli delitti rivendicati dalle Br, a partire dal sequestro Sossi, sarebbe stato più facile decifrarli individuandone gli autori.

E così in effetti avvenne. Un'attenzione particolare era poi destinata alla cattura dei brigatisti "regolari", cioè militanti a tempo pieno che vivevano in clandestinità, anche senza essere latitanti. Per ogni presunto brigatista, ad esempio, venivano compilate dettagliatissime schede, che arrivavano fino alle amicizie dei tempi dell'asilo.

All'inizio i miei rapporti col generale dalla Chiesa erano praticamente inesistenti. Il processo Sossi che la Cassazione aveva assegnato a Torino venne "avocato" dal procuratore generale Reviglio della Veneria, che lo affidò a uno dei suoi più esperti sostituti, Bruno Caccia. Dopo l'arresto di Ferrari, lo abbiamo già detto, il processo passò a me come giudice istruttore, fermo restando il ruolo di Caccia come pm. Ed ecco che i rapporti tra carabinieri e magistrati si articolarono su tre diversi piani: con

Reviglio parlava dalla Chiesa; con Caccia i colonnelli e i capitani; con me qualche tenente e i sottufficiali.

Un periodo di studio (forse anche di diffidenza verso un magistrato di Magistratura democratica, per di più, allora, un po' troppo giovane), poi – via via – rapporti sempre più stretti e di reciproca fiducia. Per anni lavorammo gomito a gomito, spesso mangiando insieme il pane duro di gravi difficoltà da superare (penso alla rocambolesca, troppo facile evasione di Curcio dal carcere di Casale: quasi un azzeramento delle fatiche che avevamo fin lì compiuto). Ovviamente rimase inalterato e solidissimo il mio rapporto coi sottufficiali, coi quali legai fin da subito: al punto che una volta uno di loro mi fece capire, in gran segreto, come non fosse il caso di dare seguito a una certa richiesta che mi sarebbe arrivata dai suoi "superiori", in quanto inutile per le indagini e capace solo di espormi ulteriormente, esposizione che a suo giudizio era già elevatissima e rischiosa.

Il Nucleo speciale dei carabinieri aveva sede in via Valfrè, dentro la caserma Cernaia. Al pian terreno, in un minuscolo ufficio di tre metri per due, su scaffalature precarie, affluiva continuamente e si sistemava tutto il materiale sequestrato. Per me e Bruno Caccia diventò una sorta di secondo ufficio. Passavamo ore e ore ad analizzare reperti, a leggere documenti e volantini, quasi sempre con la "compagnia" degli allievi carabinieri, impegnati in quotidiane esercitazioni con tanto di fanfara nel cortile.

All'ufficio di via Valfrè potevamo accedere a qualunque ora, e spesso capitava di arrivarci nel cuore della notte, reduci da questa o quella città dove si era andati per interrogatori o altra attività istruttoria. E a qualunque ora – quasi sempre – si poteva trovare il generale dalla Chiesa. Lo ricordo nel suo ufficio, intento a piantare bandierine su un'immensa carta geografica. Non ho mai chiesto cosa significassero quelle bandierine, ma indicavano chiaramente un disegno preciso, un piano d'indagine studiato e portato avanti meticolosamente.

Il Nucleo speciale dei carabinieri di dalla Chiesa, per i risultati che seppe ottenere, divenne una specie di mito, un modello di struttura anticrimine vincente, in Italia e non solo. Eppure – a pensarci oggi viene da sorridere – contava allora su mezzi tecnico-logistici decisamente modesti, anche se – ricordo in particolare l'allora capitano Gian Paolo Sechi, appassionato informatico della prima ora – si poteva già contare sulla sperimentazione di qualche rudimentale personal computer.

I risultati eccezionali del Nucleo di dalla Chiesa fecero il giro d'Europa, in fondo l'Italia è in assoluto il Paese più colpito da terrorismi di ogni colore. Una mattina – dopo l'ennesimo caffé al bar della caserma – trovai dalla Chiesa in compagnia di alcuni funzionari del famoso *Bundeskriminalhamt*, la polizia criminale tedesca. Si trovavano in via Valfrè per studiare il Nucleo in presa diretta. Dalla Chiesa mostrò loro pochi e modesti locali, con qualche schedario e pochi altri mezzi. Quelli – allibiti – non volevano credere che fosse tutto lì. Pensavano che si volesse loro nascondere qualcosa. Ma non c'era nessun trucco. Oggi come allora – anche nei momenti più difficili – lo Stato italiano non era in grado di mettere a disposizione mezzi paragonabili a quelli di altre polizie europee o americane. Fortunatamente la straordinaria intelligenza e la fantasia di dalla Chiesa, di Santillo e dei loro uomini sapevano supplire alla carenza di mezzi.

Il rapporto di collaborazione con dalla Chiesa divenne a un certo punto così stretto che una parte della sinistra – che oggi definiremmo "antagonista" – trovò comodo accusarmi di essere un suo servo, e quindi servo della repressione, in pratica un fascista. Proprio io, che negli anni Novanta sarò una delle toghe rosse per eccellenza...

Mi dispiace ricordarlo, perché si tratta di una persona che stimo moltissimo e con la quale avrò poi modo di stabilire ottimi rapporti, ma accadde persino che Dario Fo, al Palasport di Torino, di fronte a migliaia di persone, dedicò lo spettacolo di quella sera "al generale dalla Chiesa e al suo servo sciocco, il giudice Caselli". Erano ancora forti il clamore e le polemiche per l'arresto dell'avvocato Giovan Battista Lazagna, da noi incriminato (e l'accusa reggerà ai tre gradi di giudizio) perché era stato lui a mettere in contatto con le Br, che volevano arruolarlo,

Silvano Girotto (alias "Frate mitra"), ex rapinatore ed ex guerrigliero che operava come infiltrato dei carabinieri.

Lazagna era stato un capo partigiano, autore di *Ponte Rotto*, bel libro sulla Resistenza. Io, nato ad Alessandria nel 1939, avevo passato gli anni della guerra a Fubine Monferrato, respirando il mito dei partigiani (in particolare del comandante Gallo, Luigi Longo, futuro segretario del Pci, anche lui di Fubine). Adesso, con il caso Lazagna, mi vedevo togliere il saluto da tutti gli avvocati ex partigiani che incontravo nel Palazzo di giustizia. Perfino Magistratura democratica prese le distanze e, di fatto, mi espulse in quanto responsabile della montatura o provocazione del caso Lazagna. Tutti contrasti che, fortunatamente, saranno poi ampiamente superati (Md mi eleggerà al Csm e i partigiani mi inviteranno regolarmente, spesso come oratore ufficiale, alle loro manifestazioni). Ma intanto, se a quei tempi perfino Md e l'Anpi mi consideravano in un certo modo, figuriamoci Dario Fo... Quanto a Md, volevo dimettermi e andai dal mio capo, Carassi, a dirglielo. Mi guardò storto e mi disse di togliermelo dalla testa: prima avrei dovuto finire il processo, senza creare – con le dimissioni – altre polemiche che avrebbero potuto danneggiarlo. Se ne sarebbe semmai riparlato alla fine.

Intorno al 1977, poi, l'inspiegabile ristrutturazione, sostanzialmente uno smantellamento, dei Nuclei speciali di dalla Chiesa e Santillo. Una scelta dell'Esecutivo, ufficialmente dettata da ragioni tecnico-burocratiche: erano stati scoperti e arrestati gli autori del sequestro Sossi, per cui i due corpi erano stati creati; si erano concluse le inchieste sui "capi storici" delle Br e sui fiancheggiatori di *Controinformazione* e dintorni. I nuclei, così come originariamente concepiti, non avevano più ragione d'essere. Fu chiaro però, fin da subito, che si trattava di una decisione sbagliata: solo una burocrazia miope e illusa poteva pensare che le Brigate rosse, in quel momento, fossero sconfitte. Rinunziare all'incisività ed efficienza dimostrate sul campo dai Nuclei significava arretrare in una guerra ancora aperta. E l'arretramento era piuttosto evidente, se si considerava che le carte vincenti dei Nuclei erano state la specializzazione degli uomini e la centralizzazione dei dati (abbiamo già visto quanto contino questi parametri), mentre per effetto della ristrutturazione gli uomini venivano "spalmati" sul territorio, senza più incarichi esclusivamente concentrati sul terrorismo, distribuiti fra i vari comandi provinciali, con conseguente frantumazione delle conoscenze e degli interventi, spesso intralciati da intoppi localistici dai quali i Nuclei erano invece affrancati.

Dalla Chiesa era fortemente contrariato. Un giorno si presentò nel mio ufficio e, a bruciapelo, mi chiese:

«Dottore, lei crede che abbiamo fatto un buon lavoro?».

E io, sorpreso:

«Certo che sì. Anzi, mi spieghi per favore la domanda, non la capisco».

«Vogliono farci sparire. E allora, se pensate che abbiamo lavorato bene, fate qualcosa».

Riferii tutto ai miei colleghi, Caccia e Carassi in testa. Discutemmo a lungo e decidemmo che si trattava di problemi e scelte dell'Esecutivo. Scelte sbagliate, ma con le quali – noi del Giudiziario – non potevamo interferire. E rimanemmo zitti.

Anche a causa di questo errore, in seguito intervenni tutte le volte che mi sembrò necessario per contribuire a che le scelte di interesse comune (legislative od organizzative) riguardanti il piano investigativo-giudiziario avvenissero con il confronto tra tutti gli addetti ai lavori. Questa la genesi delle "invasioni di campo" di cui io e altri magistrati veniamo spesso accusati. Una genesi che dovrebbe almeno chiarire che se si interviene non lo si fa certo per protagonismo, ma per spirito di servizio, consapevoli che chi non si espone vive più tranquillo.

Per un paio d'anni l'antiterrorismo, nonostante l'impegno dei singoli, girò sostanzialmente a vuoto. In verità si cercava di fare di tutto e di più, ma i risultati si fermavano a quella che nel nostro gergo è "la generica", mentre non riuscivamo a mordere sul versante delle responsabilità specifiche. In altre parole, sapevamo moltissimo delle Br in genere, ma poco o nulla sui brigatisti, vale a dire che di catture e di covi localizzati non si parlava più. Va anche detto che i mezzi allora a disposizione degli inquirenti erano ben diversi da quelli di oggi. Per esempio, si repertavano peli o capelli riferibili a un attentato: prove che oggi col test del Dna sarebbero schiaccianti, ma all'epoca quel test ancora non esisteva. Se oggi qualcuno imponesse di fare a meno del test Dna, si comporterebbe esattamente come coloro che di fatto vogliono – pretendendo il requisito dei "gravi indizi di colpevolezza" – impedire le intercettazioni. Ben strana logica quella di chi vorrebbe tagliare le unghie degli inquirenti sottraendo loro mezzi d'indagine decisivi, un po' come se ai medici si vietassero le radiografie e le risonanze, invitandoli a tornare alle sanguisughe della scuola di Esculapio.

In ogni caso, le provavamo davvero tutte. In particolare, i documenti delle Br (volantini, opuscoli, risoluzioni strategiche) erano sottoposti ad analisi minuziose, non solo per accertarne il mezzo di produzione, macchina per scrivere o ciclostile, ma anche per ricavarne altri elementi utili, con l'aiuto di tecnici della comunicazione, sociologi, storici, politologi. Lo scopo era anche quello di formare delle "famiglie" di documenti omogenei. Perizie venivano regolarmente disposte anche sulle scritte murali inneggianti alle Br per risalire al tipo di spray; e sulle voci registrate di rivendicazione degli attentati. Su nostro input, l'Istituto Galileo Ferraris di Torino cominciò ad approfondire questo settore di ricerca, mentre altri studiosi ritenevano che dall'ascolto della voce si potessero stabilire età, origine geografica, livello di cultura, estrazione sociale del soggetto. Ci credevamo poco, ma non volevamo lasciare nulla di intentato. E comunque, questo materiale "grezzo" in seguito apparirà spesso utile.

Un capitolo a parte meritano le perizie balistiche, ovviamente disposte per ogni attentato (omicidio o gambizzazione). Secondo i periti – un *team* di quattro specialisti – l'arma usata dalle Br a Torino era sempre una Nagant. Un'arma in dotazione qualche decennio prima all'esercito cecoslovacco e ormai non più reperibile sul mercato, né catalogato, che impiegava munizioni 7,62 di difficile reperimento, con la particolarità che era uno dei pochi revolver allora compatibili con un silenziatore.

Confesso che, nonostante l'autorevolezza dei periti, avevamo qualche dubbio (anche perché si doveva lavorare soltanto su pochi frammenti di ogive). Invece, quando nel 1980 Patrizio Peci fece ritrovare nel Biellese, in barili interrati, l'intero arsenale della colonna torinese delle Br, tra le numerose armi c'era proprio la Nagant. I brigatisti usavano sempre quest'arma non solo per "timbrare" con un marchio di autenticità i vari attentati, ma anche per una sorta di feticismo, essendo impressa sulla pistola una stella che ricordava quella a cinque punte.

Di fatto, ristrutturati i Nuclei speciali, si registrò un rallentamento dell'antiterrorismo. Dalla Chiesa dovette occuparsi non più di indagini ma di carceri (e lo fece molto bene). Ci volle, purtroppo, la tragedia di via Fani perché venisse richiamato a occuparsi di antiterrorismo, questa volta a capo di un Nucleo speciale interforze, composto da carabinieri, poliziotti e finanzieri. I risultati – di nuovo – non tardarono ad arrivare, con la scoperta del covo di via Montenevoso a Milano, di vari covi a Torino sul finire del 1979, e con numerosi arresti, fino a quello decisivo di Patrizio Peci.

Nel 1982 il generale dalla Chiesa fu nominato prefetto di Palermo. L'ultimo ricordo che ho di lui risale alla fine dell'agosto di quell'anno. Non lo sentivo da un po' di tempo e – mentre aspettavo un aereo a Fiumicino – decisi di chiamarlo da un telefono pubblico, tramite la "batteria", il centralino del Viminale. Parlammo a lungo, di quei poteri speciali antimafia che gli venivano negati nonostante gli impegni e le promesse, ma lui sembrava tranquillo: «Non creda che non me li diano, me li daranno, eccome se me li daranno, perché altrimenti mi farò sentire!».

Prima dei poteri speciali arrivarono i sicari della mafia, il 3 settembre 1982. Oltre dieci anni dopo, il 15 gennaio 1993, giorno del mio insediamento alla procura di Palermo, i carabinieri arresteranno Totò Riina. E durante il nostro incontro vedrò spiccare, alle sue spalle, proprio un ritratto di Carlo Alberto dalla Chiesa.

Pochi mesi dopo l'assassinio di dalla Chiesa, il 26 giugno 1983, venne ucciso a Torino anche Bruno Caccia, che con dalla Chiesa e con me – lo ricordo – aveva lavorato nell'inchiesta sui "capi storici" delle Br. Anche Caccia, diventato nel frattempo procuratore capo, venne ucciso dalla mafia: mandanti (condannati in via definitiva) alcuni 'ndranghetisti insediati a Torino, esponenti della famiglia Belfiore, che agirono con il silenzio assenso di mafiosi catanesi, anch'essi in quel periodo operanti in città.

Ancora oggi, in moltissimi uffici giudiziari torinesi, la foto di Caccia (cui è intitolato il Palazzo di giustizia) sta lì a ricordare il sacrificio di un uomo giusto e rigoroso. Intanto, la cascina dei Belfiore, a San Sebastiano Po, è stata confiscata e assegnata a giovani di *Libera* del Piemonte, che la utilizzano per produrvi miele. La cascina è oggi intestata a Bruno Caccia e a sua moglie. Confesso che essere diventato – nel settembre 2008 – procuratore capo di Torino, occupando il posto che fu di Bruno Caccia, è per me motivo di fiero orgoglio.

6.
Falcone, Borsellino, la Sicilia

Giovanni Falcone e Paolo Borsellino. È bene ripeterlo: osannati da morti, sono stati ostacolati e alla fine umiliati, umanamente e professionalmente, da vivi. Con entrambi, loro malgrado, ho avuto rapporti piuttosto intensi negli anni della mia esperienza al Consiglio superiore della magistratura. Dico loro malgrado perché quegli anni (1986-1990) sono un continuo susseguirsi di “casi Palermo” di cui Falcone e Borsellino sono i principali protagonisti (spesso nel senso di vittime).

Il primo “caso Palermo”, poco dopo la conclusione del Maxiprocesso a Cosa nostra, riguarda Paolo Borsellino, che nel 1986 fece domanda per essere trasferito dal Tribunale di Palermo (*pool* dell’ufficio Istruzione) e nominato procuratore capo a Marsala. Il contrasto, la spaccatura all’interno del Csm riguardava i criteri di nomina dei dirigenti degli uffici giudiziari in terre di mafia. Concorrente di Borsellino era il dottor Giuseppe Alcamo, magistrato molto più anziano. All’interno del Consiglio si crearono due fronti, uno a favore dell’anzianità di servizio, allora principale criterio di assegnazione degli incarichi “ordinari”, un altro – in forza di una circolare del Csm espressamente dedicata al tema della lotta alla mafia – a favore della professionalità di Paolo Borsellino.

Io sostenni con decisione il secondo criterio e quindi la candidatura di Paolo Borsellino, e fu in quel momento che – inevitabilmente – si creò con lui un rapporto molto cordiale. Sostenni Borsellino a costo di staccarmi dai miei colleghi di Magistratura democratica, Pino Borrè ed Elena Paciotti, che votarono in maniera diversa, non ritenendo possibile scavalcare un'anzianità così clamorosa. Alla fine, la maggioranza del Csm si espresse in favore di Borsellino. Sembrava tutto finito; la procura di Marsala non era proprio come la procura di Pinerolo, ma neppure tanto diversa. Invece, scese in campo il *Corriere della sera*. Il maggiore quotidiano italiano pubblicò un editoriale di Leonardo Sciascia, *I professionisti dell'Antimafia*. Uno degli obiettivi era Leoluca Orlando, ma lo sconquasso lo creò nelle ultime righe citando Paolo Borsellino:

(...) Nel "notiziario straordinario n. 17" (10 settembre 1986) del Consiglio superiore della magistratura (...) si tratta dell'assegnazione del posto di procuratore della Repubblica a Marsala al dottor Paolo Emanuele Borsellino e dalla motivazione con cui si fa proposta di assegnargliela salta agli occhi questo passo: «Rilevato, per altro, che per quanto concerne i candidati che in ordine di graduatoria precedono il dott. Borsellino, si impongono oggettive valutazioni che conducono a ritenere, sempre in considerazione della specificità del posto da ricoprire e alla conseguente esigenza che il prescelto possegga una specifica e particolarissima competenza professionale nel settore della delinquenza organizzata in generale e di quella di stampo mafioso in particolare, che gli stessi non siano, seppure in misura diversa, in possesso di tali requisiti con la conseguenza che, nonostante la diversa anzianità di carriera, se ne impone il "superamento" da parte del più giovane aspirante»(...). Passo che non si può dire un modello di prosa italiana, ma apprezzabile per certe delicatezze come "la diversa anzianità", che vuoi dire della minore anzianità del dottor Borsellino, e come quel "superamento", (pudicamente messo tra virgolette), che vuoi dire della bocciatura degli altri, più anziani e, per graduatoria, più in diritto di ottenere quel posto. Ed è impagabile la chio-

sa con cui il relatore interrompe la lettura della proposta, in cui spiega che il dottor Alcamo – che par di capire fosse il primo in graduatoria – è «magistrato di eccellenti doti», e lo si può senz'altro definire come «magistrato gentiluomo», anche perché con schiettezza e lealtà ha riconosciuto una sua lacuna «a lui assolutamente non imputabile»: quella di non essere stato finora incaricato di un processo di mafia. Circostanza «che comunque non può essere trascurata», anche se non si può pretendere che il dottor Alcamo «piatisse l'assegnazione di questo tipo di procedimenti, essendo questo modo di procedere tra l'altro risultato alieno dal suo carattere». E non sappiamo se il dottor Alcamo questi apprezzamenti li abbia quanto più graditi rispetto alla promozione che si aspettava.

Sciascia era un gigante, in assoluto uno dei miei scrittori preferiti, ma questo articolo fu un errore clamoroso, che causò danni permanenti. Non fu l'unico errore "politico", nella storia del grande scrittore. Sciascia era anche tra coloro che, negli anni Settanta, contribuirono a coniare il tristemente celebre slogan "Né con lo Stato né con le Br". Quanto a Borsellino, parlarne come di un "professionista dell'antimafia", nel senso di un arrivista che sgomitava per buttare fuori dalla carreggiata colleghi più meritevoli, era una cosa assurda, destituita da ogni credibilità. Tanto più se i meriti del concorrente erano (oltre all'anagrafe) il non aver mai fatto neppure un processo di mafia e, da "magistrato gentiluomo", ammetterlo. Anni dopo, proprio parlando con Borsellino, Sciascia riconobbe di essere stato male informato (e che ci fosse stato un "informatore" lo si capiva dalla citazione del bollettino del Csm, certo non in vendita nelle edicole di Racalmuto).

La polemica sui "professionisti dell'antimafia" non tardò a produrre i suoi effetti, e a farne le spese fu Giovanni Falcone.

Nel 1987 Antonino Caponnetto decise di tornare a Firenze. Aveva dato molto. Quattro anni a Palermo gli erano bastati per ridare fiducia, creare il *pool* (completando il lavoro avviato da

Rocco Chinnici) e ottenere lo straordinario risultato del Maxiprocesso. Lasciava la Sicilia nell'assoluta convinzione che il suo successore naturale alla guida dell'ufficio Istruzione di Palermo sarebbe stato Giovanni Falcone, uomo di punta del *pool*.

Non fu così. Perché al Csm si riscatenò la *bagarre*. Alla candidatura di Falcone si contrappose quella di Antonino Meli, magistrato di ben maggiore anzianità. L'articolo di Sciascia pesava e venne fortemente strumentalizzato. Nel Csm, molti di quelli che avevano votato per Borsellino, cambiarono idea. Risultato, questa volta non fu il più bravo nell'antimafia, ma il più anziano, anche se non esperto di mafia, a prevalere. E Meli diventò capo dell'ufficio Istruzione di Palermo con 14 voti a favore, 10 contrari e 5 astenuti (tra questi i miei due colleghi di Md, per altro coerenti con la scelta che avevano fatto per Marsala). Io votai a favore di Falcone. Questo il testo del mio intervento di fronte al *plenum*, la notte del 19 gennaio 1988:

> *La soluzione del caso in esame, quando sia riferita alla specificità del caso concreto, ha un percorso obbligato: deve puntare su un uomo del pool antimafia, deve puntare alla struttura che a questo pool fa capo. Il pool di magistrati dell'ufficio Istruzione di Palermo ha saputo attrezzarsi (prima di tutto culturalmente) realizzando così una struttura nuova affiatata, che ha diffuso professionalità.*
> *Non bisogna infatti dimenticare che si è trattato di una struttura aperta, nel senso che ha formato professionalmente magistrati che, prima di entrare a far parte del pool, di questi problemi non si erano mai occupati e che viceversa, grazie al pool, hanno conseguito livelli di capacità decisamente di grande rilievo. Alla fine, operando in questo modo, il pool di giudici istruttori del tribunale di Palermo ha ottenuto risultati di grande rilievo, basati sulla individuazione dei caratteri della nuova mafia. I primi risultati, dopo anni, decenni e decenni di sostanziale impunità.*
> *In alcuni interventi si è parlato di premio, in particolare di*

premio al protagonismo, come di un criterio da non seguire, e la storia del protagonismo è un po' come la storia di quando le donne portavano il velo. A quel tempo le donne erano tutte belle, ma quando il velo cadde si cominciarono a constatare delle differenze. Un po' la stessa cosa è successa per la magistratura. Quando i giudici non davano "fastidio", quando non erano scomodi, erano tutti bravi e belli. Ma quando hanno cominciato ad assumere un ruolo preciso, a dare segni di vitalità, a pretendere di esercitare il controllo di legalità anche verso obiettivi prima impensati, ecco che è cominciata l'accusa di protagonismo. Mentre quei giudici che si tirano indietro (ed è successo sia a Torino, in occasione del processo d'Assise ai capi storici delle Br, sia a Palermo, in occasione del processo d'Assise alla mafia da poco concluso) non rischiano proprio nulla e nessuno si leva a protestare o levar critiche nei loro confronti.
In altri interventi si è parlato di premio nel senso di carriera che correrebbe lungo corsie "privilegiate" per quei giudici che abbiano fatto determinate esperienze professionali. Ma è inconcepibile, perfino un po' scandaloso, che si parli di privilegio con riferimento ai giudici di Palermo che vivono nelle condizioni a tutte note, che semmai rappresentano una pesante penalizzazione.

Dopo aver sottolineato che la nomina di Falcone rientrava perfettamente nelle direttive del Csm (delibera 15 maggio 1986 contenente l'impegno di nominare i dirigenti degli uffici interessati nella lotta alla mafia in modo "mirato", tenendo conto del criterio della professionalità specifica), concludevo che in ogni caso le scelte del Csm andavano «collegate ai più generali interessi della collettività», che «nel caso della lotta alla mafia sono gli interessi della democrazia». Per questi motivi il mio voto fu per Falcone.

La maggioranza del Csm, dunque, nominò Meli, che – si badi – aveva presentato anche domanda per la presidenza del

Tribunale. Qualcuno però lo convinse a ritirarla e a mettersi in lizza per il posto di consigliere istruttore, garantendogli evidentemente la nomina. Ora, il rapporto tra presidente del Tribunale e capo dell'ufficio Istruzione è lo stesso che può esserci tra la direzione di un grande quotidiano e la rubrica della posta del cuore su un foglietto parrocchiale. Non tanto perché l'ufficio Istruzione non fosse un posto importante, semplicemente perché si era alla vigilia dell'entrata in vigore del nuovo Codice di procedura penale (1989) che quell'ufficio avrebbe soppresso.

Tutta la *bagarre*, dunque, non era tanto su chi dovesse succedere a Caponnetto. Anche, ma non solo. Il punto centrale era la valutazione di un metodo di lavoro, quello del *pool*, che aveva portato alla clamorosa vittoria del Maxiprocesso.

Invece di continuare lungo la strada della vittoria, lo Stato si fermava, anzi faceva vari passi indietro.

Perché di Antonino Meli tutto si può dire tranne che non chiarì subito al Csm come la pensasse: lui del *pool*, del "metodo Falcone" non sapeva che farsene; con la sua nomina non sarebbe esistita più una squadra specializzata in indagini di mafia; i suoi magistrati si sarebbero dovuti occupare di tutto un po'. Detto fatto: nominato, Meli – coerentemente – frantumò le inchieste e le parcellizzò in mille rivoli. Specializzazione e centralizzazione relegati in soffitta. A un passo dalla vittoria, si rinunciava a combattere e si sparava a salve, mentre sul Palazzo di giustizia di Palermo volavano corvi e corvacci, che spandevano veleni di ogni sorta, a colpi di lettere anonime, su Giovanni Falcone, calunniato per nefandezze varie. Ovviamente inesistenti.

Borsellino non si piegò, e rilasciò due interviste a *La Repubblica* e a *l'Unità* il 20 luglio 1988.

Il suo *j'accuse* sulle grandi manovre in corso in Sicilia fu violentissimo. Parlava di indagini arenate, delle polemiche che avvelenavano ormai da mesi il clima nei Palazzi di giustizia di mezza isola e negli uffici investigativi (in particolare la squadra mobile di Palermo, già "decapitata" dagli assassinii di Beppe

Montana e Ninni Cassarà), della riorganizzazione di Cosa nostra e di uno Stato che sembrava aver gettato la spugna. Ecco alcune citazioni testuali:

> *Falcone non è più il titolare delle grandi inchieste che iniziarono con il Maxiprocesso (...) Fino a qualche mese fa tutto quello che riguardava Cosa nostra passava sulla sua scrivania e su quella di altri tre o quattro giudici istruttori. Adesso la filosofia è un'altra: tutti si devono occupare di tutto (...) C'è stato un taglio netto con il passato (...) Prima, tutte le indagini venivano centralizzate a Palermo. Solo così si è potuto creare il maxi-processo, solo così si è potuto capire Cosa nostra ed entrare nei suoi misteri. Adesso si tende a dividere la stessa inchiesta in tanti tronconi e, così, si perde inevitabilmente la visione del fenomeno. Come vent'anni fa (...) Dopo tanti anni di lavoro, prigioniero nel bunker di Palermo, sento il dovere di denunciare certe cose (...) Le indagini si disperdono in mille canali e intanto Cosa nostra si è riorganizzata,come prima, più di prima (...). (Con il pool) si chiuse la pagina delle indagini parcellizzate che per anni non riuscirono mai a centrare veri obiettivi. Ho la spiacevole sensazione che qualcuno voglia tornare indietro.*

A causa di queste due interviste Borsellino venne sostanzialmente messo sotto procedimento disciplinare dal Csm. Gli si rimproverava di non aver percorso le vie istituzionali. Risibile, e tutto si risolse in un nulla di fatto. Ma solo dopo mesi e mesi di polemiche. Intanto l'avviso ai naviganti era partito. Guai a toccare certi fili.

Privilegiando l'anzianità contro la professionalità, scegliendo Meli invece di Falcone, la maggioranza del Csm non poteva non essersi resa conto di aver condannato a morte il *pool* e il suo metodo di lavoro. Ma l'ipocrisia non ha limiti, e tutti avevano assunto l'impegno solenne di difendere il "metodo Falcone", nonostante quel che Meli aveva esplicitato. E quando quest'ultimo effettivamente lo smantellò, per il Csm "colpevole" era Borsellino che aveva denunciato lo smantellamento.

Rimaneva però l'impegno solenne. E allora audizioni su audizioni, per scoprire l'acqua calda: il *pool* era morto. Nell'occasione Magistratura democratica si ricompattò. Con Pino Borrè ed Elena Paciotti in prima fila (con me e con altri) nel difendere davvero il "metodo Falcone". Riunioni fiume, sedute notturne interminabili, votazioni continue, dimissioni di Falcone, tensione altissima. Ma ormai era troppo tardi. Il *pool* era morto e la maggioranza del Csm non aveva nessuna intenzione di resuscitarlo, anzi ingaggiò una battaglia senza esclusione di colpi. Nel cuore della notte si arrivò a negare una breve sospensione chiesta da un collega reduce da un grave infarto: si doveva chiudere in fretta, usando la forza dei numeri come una clava. E tutto, ripeto, per la dirigenza di un ufficio che di lì a poco sarebbe stato spazzato via dal nuovo Codice di procedura penale. Da non credere. E non ci credevano neppure gli universitari di Udine, che incontrai qualche sera dopo. Spararono una raffica di domande imbarazzanti (tipo: è vero quel che si è letto sui giornali, che un consigliere che aveva votato per Borsellino ha poi votato contro Falcone perché aspira a fare il sindaco di Palermo?). Rispondevo barcamenandomi, cercando di salvare il salvabile dell'istituzione che rappresentavo. Accanto a me c'era un gesuita che avevo conosciuto proprio quella sera, padre Ennio Pintacuda, uno dei protagonisti della "primavera di Palermo" di Leoluca Orlando. Lui aveva meno problemi di me a rispondere in maniera molto, molto più spregiudicata. E mentre rientravamo in albergo, sogghignando mi disse: «Credevo di essere io il gesuita, prima di sentire lei».

Dunque, circondata la fortezza, lo Stato si ritirava rinunciando a vincere. E la mafia tornò a colpire. Il 25 settembre 1988 venne assassinato, insieme al figlio Stefano, Antonino Saetta, presidente della Prima sezione penale del Tribunale di Palermo. Scesi in Sicilia con la delegazione ufficiale del Csm, per il funerale, e incontrai Falcone e Borsellino. Ricordo – oltre alla profonda tristezza – la grande preoccupazione di tutti per l'assassinio di un magistrato giudicante alla vigilia di un importante processo. Quello di Saetta, purtroppo, è un sacrificio troppo spesso dimenticato.

Nel 1989 – ed è l'ultimo "caso Palermo" della mia esperienza al Csm – Falcone, soppresso l'ufficio Istruzione, fece domanda per il posto di procuratore aggiunto (una sorta di vice-capo) a Palermo. Questa volta ce la fece, ma sembrava quasi una gentile concessione, mentre qualcuno dei suoi soliti nemici non esitò a far circolare con insistenza – anche nei corridoi del Csm – la calunnia che il fallito attentato dell'Addaura (una borsa imbottita di 58 candelotti di tritolo ritrovata il 21 giugno 1989 nei pressi della villa affittata da Falcone per le vacanze, in compagnia della moglie e del magistrato svizzero Carla del Ponte) se lo fosse organizzato da sé. Per farsi pubblicità, dicevano, ironizzando sulle parole di Falcone riportate su molti giornali il giorno dopo il fallito attentato: «Prima o poi la mafia mi ucciderà».

Falcone ottenne il posto di procuratore aggiunto, ma non lo facevano letteralmente lavorare. Il procuratore capo Pietro Giammanco lo ignorava, lo umiliava con ore e ore di anticamera in attesa di un colloquio. Falcone sapeva bene che se avesse voluto continuare a fare antimafia avrebbe dovuto lasciare la Sicilia. Nel 1990 si candidò al Csm e – altra pagina nera della magistratura italiana – venne bocciato. Il ministro Martelli (onore a lui) lo chiamò a Roma a dirigere l'ufficio Affari penali. Qui Falcone riorganizzò su scala nazionale – lo abbiamo già visto – la lotta alla mafia. Fulcro della nuova organizzazione era la Dna (Direzione nazionale antimafia), la cui gestazione non fu però indolore. Un primo progetto, che di fatto contemplava un procuratore nazionale alle dirette dipendenze del ministro, venne contestato da vari magistrati per palese violazione del principio costituzionale di indipendenza della magistratura. Falcone raccolse le critiche e modificò il progetto iniziale dando alla Dna l'assetto, del tutto condivisibile, ancora oggi vigente.

Da segnalare che il documento di contestazione del primo progetto recava in testa le firme di Nino Caponnetto e Paolo Borsellino. La terza era la mia: quanto bastò perché un signore di nome Lino Jannuzzi ne approfittasse per rovesciarmi addosso una delle sue frequenti diffamazioni, sostenendo che fossi un "nemico di Falcone", omettendo però di dire di chi fossi in compagnia e quale fosse il vero oggetto della nostra iniziale polemica. Jannuzzi, lo stesso che sul *Giornale di Napoli* del 29 ottobre 1991 (a proposito della candidatura di Falcone alla direzione della Dna e di Giovanni De Gennaro alla Dia) pubblicò queste parole: «Da oggi o da domani, quando si arrivasse a queste nomine, dovremo guardarci da due Cosa nostra, quella che ha la cupola a Palermo e quella che sta per insediarsi a Roma. E sarà prudente tenere a portata di mani il passaporto».

Intanto Borsellino da Marsala tornò a Palermo per fare il procuratore aggiunto. Venne relegato ai margini, proprio come Falcone. Non gli si vollero affidare inchieste sulla mafia palermitana e del pentito Gaspare Mutolo potè occuparsi soltanto negli ultimi mesi della sua vita.

Il 23 maggio 1992 è un sabato. Sono a casa insieme a mia moglie. Il telefono comincia squillare, si susseguono le edizioni straordinarie dei telegiornali. Le notizie sono confuse. Di certo vi è stato, sull'autostrada che dall'aeroporto conduce a Palermo, un attentato nei pressi di Capaci. Si parla di un lungo tratto di strada come polverizzato da una fortissima esplosione. Falcone è stato ucciso; no, è soltanto ferito. L'illusione dura poco. Con lui muoiono i tre agenti di scorta Vito Schifani, Rocco Di Cillo e Antonio Montinaro. Muore anche la moglie Francesca Morvillo. Si salva miracolosamente Giuseppe Costanza, l'autista di Falcone, che però viaggiava sul sedile posteriore, perché a Giovanni piaceva guidare. Ripenso ai giornali del 22 giugno 1989: «Prima o poi la mafia mi ucciderà».

L'antimafia non era ancora il mio mestiere (nel 1992 ero presidente della Corte d'Assise del Tribunale di Torino), ma partecipai ugualmente a numerosi dibattiti dopo la traumatica strage di Capaci. Durante uno di questi incontri, a Milano, mi avvicinò un ufficiale dei carabinieri che mi sussurrò: «Il dottor Borsellino le manda a dire che per lei non è ancora arrivato il momento di andare in pensione». Lì per lì non capii, avevo 53 anni, facevo un lavoro interessante e difficile, cosa c'entrava la pensione? Lo capirò meno di due mesi dopo, il 19 luglio, questa volta una domenica.

Quel giorno ero a Piossasco, comune dell'*hinterland* torinese, a parlare della strage di Capaci di fronte a una foltissima platea. La notizia della strage di via D'Amelio arrivò proprio durante il mio intervento. Non potei fare altro che comunicarla a chi mi stava ascoltando. L'incontro si chiuse in fretta. Nessuno aveva più voglia di parlare.

Insieme a Paolo Borsellino erano morti cinque ragazzi della sua scorta: Agostino Catalano, Emanuela Loi, Vincenzo Li Muli, Walter Cosina, Claudio Traina.

La frase di Borsellino sulla "pensione" occupava spesso i miei pensieri, la sentivo come una specie di chiamata. Lavoravano dentro di me anche le parole commosse che Paolo aveva pronunciato nel trigesimo della morte di Falcone: «La lotta alla mafia (primo problema da risolvere nella nostra terra, bellissima e disgraziata) non deve essere soltanto una distaccata opera di repressione, ma un movimento culturale e morale, anche religioso, che coinvolga tutti, che tutti abitui a sentire la bellezza del fresco profumo di libertà che si contrappone al puzzo del compromesso morale, dell'indifferenza, della contiguità e quindi della complicità».

Meno di cinque mesi dopo, il 17 dicembre 1992, il Csm mi nominò procuratore capo della Repubblica di Palermo. Come si può facilmente immaginare, presentare la domanda non fu una decisione semplice. Amavo il ruolo di presidente di Corte d'Assise a Torino, amavo la mia città, ero ancora sotto scorta a causa delle inchieste sul terrorismo, ero già stato via da casa per quattro anni durante il periodo del Csm. Il pensiero di allontanarmi di nuovo dalla famiglia, di ritornare in una situazione di evidente, fortissima esposizione e di rischio, rendeva il tutto molto complicato. In un primo momento l'idea era di fare domanda per procuratore aggiunto, il posto che era stato di Paolo Borsellino. Poi, resasi vacante la carica di procuratore capo, grazie anche alle sollecitazioni di vari colleghi di Palermo (non solo quelli che erano stati in aperta e continua polemica con il mio predecessore Giammanco), chiesi al Csm di essere assegnato a questo ruolo. Ne parlai in casa, in ufficio, con tanti amici e colleghi, tra gli altri con Luigi Ciotti. Rimasi incerto fino all'ultimo, al punto che affidai la mia domanda, con tanto di firma, a una collega del Tribunale di Torino perché la presentasse entro i termini di scadenza, in assenza di contrordini. In quel periodo, infatti, ero in Africa con mia moglie. Un viaggio in Kenya programmato da tempo per festeggiare i venticinque anni di matrimonio.

Al mio ritorno la notizia della domanda al Csm era ufficiale. Ricordo un affettuoso sostegno da parte di tutti, parenti, colleghi, amici, conoscenti. Ma un episodio mi colpì più di altri. Una domenica mattina sentimmo suonare al citofono: si presentò alla porta il signor Achille Gallina, titolare di una storica trattoria piemontese nel centro di Torino. Non volle nemmeno entrare, si limitò a tirare fuori dalla tasca un grosso tartufo: «Questo laggiù non lo trova...». Un gesto che mi colpì. Eravamo già suoi clienti, da allora lo siamo ancor di più.

Pochi giorni dopo, il 17 dicembre, a Sariano, in provincia di Rovigo, sotto il tendone del parroco don Giuliano Zatterin – che per anni, a forza di incontri e dibattiti, ha trasformato questo paesino delle Polesine in una specie di meta obbligata nella geografia morale d'Italia – incontrai Nino Caponnetto. Il "nonno", come tutti (ma con deferenza) lo chiamavamo, riuscì a commuovermi, con i suoi auguri per il nuovo lavoro che avevano il sapore di un passaggio di testimone. Con un gesto tanto semplice quanto toccante mi chiamò accanto a sé sul palco e mi abbracciò. Una sorta di investitura che ancora oggi mi inorgoglisce.

La presa di possesso del nuovo ufficio di Palermo era ovviamente urgente. Ma a Torino avevo in corso un complicato processo per omicidio in Corte d'Assise. Che fare? Andai a Roma dal ministro Martelli, accompagnato dalla mia collega giudice *a latere* in Assise. Il colloquio (a detta della collega, io avevo ben altro cui pensare) finì per essere un po' kafkiano. Martelli – chissà perché – non sembrava troppo contento della mia nomina, ma non lo poteva dire apertamente. E non ci spiegavamo (poiché non era prevista) la partecipazione all'incontro, a mo' di convitato di pietra, di Piero Grasso, che sarebbe stato il mio successore a Palermo. Forse un anticipo della ostile insofferenza che, anni dopo, caratterizzerà certe sue inaccettabili prese di posizione verso il mio lavoro e la procura che avevo diretto.

Sta di fatto che si concordò di accelerare i tempi, al punto che dovetti lasciare a metà il processo di Torino (sarà ripreso, con il consenso degli avvocati, dal punto in cui era stato interrotto). Mentre si avvicinava il giorno della partenza, il generale dei carabinieri Francesco Delfino, comandante della piazza di Torino, comunicò che a Borgomanero (zona, guarda caso, di cui avevo dovuto occuparmi anche nei primi anni delle inchieste sulle Brigate rosse) era stato fermato un tal Balduccio di Maggio, che sosteneva di poter individuare Totò Riina. Chiesi a Delfino di informare subito il colonnello Mario Mori, capo del Ros (ancora ignoravo il pessimo rapporto tra i due), in quel momento a Torino (avevamo programmato di cenare insieme). Quindi telefonai a Palermo, al procuratore aggiunto Vittorio Aliquò, riferendo quanto sapevo. Lo misi in contatto con Mori. Di Maggio, intanto, veniva trasferito a Palermo.

Atterrai a Palermo venerdì 15 gennaio 1993. Il primissimo ricordo è la notizia, mentre ancora ero in aeroporto, dell'arresto di Totò Riina, il capo dei capi, latitante dal 1969. Di Maggio faceva sul serio. Così la conferenza stampa del mio insediamento divenne la conferenza stampa dell'arresto del più pericoloso dei latitanti. Non si poteva immaginare un esordio più felice. Il generale Mori mi consigliò di andare dal detenuto, per fargli sentire la presenza dello Stato. Mi limitai a chiedere a Riina se avesse intenzione di fare dichiarazioni. Disse di voler soltanto andare in carcere. «Così prevede la legge», risposi.

Purtroppo, la soddisfazione di tutti per la cattura di Riina fu avvelenata dalla mancata perquisizione del suo "covo". I pm volevano intervenire immediatamente, ma i carabinieri del Ros insistevano per aver più tempo, per poter sviluppare importanti operazioni di ancor più vasta portata. Così venne deciso, nella certezza che il "covo" sarebbe stato tenuto sotto costante osservazione. La certezza era tale che si organizzò persino un'operazione diversiva per allontanare la stampa che – ci era stato detto – stava avvicinandosi troppo a quel sito. Quando poi scoprimmo che il "covo" era stato impunemente svuotato dai mafiosi e che – soprattutto – nessuno lo teneva d'occhio, rimanemmo di sasso. Ottenni spiegazioni dal Ros. Ma l'inquietudine per questa clamorosa vicenda rimane.

Soltanto con il lavoro di squadra si può pensare di ottenere risultati. Lo avevo imparato a Torino ai tempi del terrorismo, lo avevano dimostrato a Palermo Falcone e gli altri magistrati del *pool*. Il mio primo incontro con i colleghi della procura, ovviamente, aveva avuto luogo ben prima di quel 15 gennaio. Ci radunammo insieme pochi giorni dopo la mia nomina in quello che per sette anni sarebbe stato il mio ufficio. E feci loro un discorso che per i sette anni successivi cercai di tradurre in fatti: «Qui si lavora in squadra, tutti insieme. E soprattutto, non si guarda indietro». La procura in quel momento era un ufficio lacerato, il mio predecessore era stato sfiduciato dalla maggior parte dei sostituti, si sentiva ancora l'effetto delle mille polemiche e del veleno sparsi ai tempi dello scontro Falcone-Meli, dei contrasti tra Falcone, Borsellino e Giammanco, della scarsa, se non insufficiente, protezione di Borsellino subito dopo la strage di Capaci.

C'erano in procura persone accusate in qualche modo di aver avuto un ruolo negativo nelle vicende di Falcone, di averne ostacolato il lavoro. Non nascondo di aver ricevuto, in quelle prime settimane, diversi "inviti" alla diffidenza, se non all'ostracismo, verso alcuni colleghi, ma la mia risposta era sempre, serenamente e fermamente: «Non se ne parla neanche, bisogna andare avanti tutti insieme». Rivendico ora di aver sempre operato in questa direzione, convinto che solo così si potessero ottenere buoni risultati. Tuttavia ancora adesso mi tocca leggere che io avrei emarginato questo o quel collega. Niente di più falso e osceno. Basterebbe interpellare direttamente coloro che vengono evocati a vanvera. Le smentite sarebbero brucianti. Ma la verità non interessa. Meglio denigrare e calunniare. Alla lunga, qualcosa resta sempre.

7.
Visti da vicino. Torino

«Curcio sarà arrestato domenica a Pinerolo». Era il settembre 1974, nel cuore della notte un ignoto "amico" telefonò a Borgomanero per avvertire il medico Enrico Levati che il numero uno delle Br stava per cadere in trappola. Levati era un brigatista anomalo: "vorrei ma non posso", sembrava essere il suo metro di militanza. Militante, in ogni caso, lo era. E chi gli telefonò lo sapeva. Forse sapeva anche che in quei giorni Levati aveva incontrato "frate Mitra", al secolo Silvano Girotto.

"Frate Mitra" era un personaggio anomalo: nato come rapinatore, poi si fece legionario, poi frate (le sue prediche veementi piacevano molto a un pubblico composto per metà da giovanotti con pulsioni barricadere, per metà da signore molto ben impellicciate), infine guerrigliero in Bolivia e in Cile, seppur con qualche zona d'ombra. Rientrato in Italia, un settimanale di estrema destra (*Candido* di Giorgio Pisanò) lo indicò come un possibile brigatista. Profezia, suggerimento o coincidenza, sta di fatto che i carabinieri di dalla Chiesa avvicinarono Girotto e gli proposero di infiltrarsi nelle Brigate rosse. Girotto accettò. Lanciando un po' di esche nella zona di Borgomanero (dove a suo tempo si era esibito come frate) a cui Levati abboccò. Grazie a Levati, Girotto incontrò l'avvocato Giovan Battista Lazagna, che lo sottopose a un esame d'idoneità, dall'esito positivo.

Via libera, dunque, per successivi contatti, questa volta con brigatisti "regolari". Girotto ne incontrò due una prima volta, altri due successivamente. Chiacchieravano a lungo e diffusamente. Girotto parlava di sé, gli altri (tra cui Curcio) raccontavano tutto quel che un infiltrato vorrebbe sapere. Come un incantatore di serpenti, Girotto convinse i suoi interlocutori a reclutarlo. Renato Curcio fissò con "frate Mitra" un nuovo appuntamento, a Pinerolo, l'8 settembre 1974. L'incontro definitivo per la "regolarizzazione". A Curcio e agli altri non pareva vero di poter reclutare un personaggio di tale spessore e per lui avevano in serbo una ricca agenda di azioni armate. A questo punto, per i carabinieri si pose un dilemma: lasciare che l'infiltrato andasse avanti, oppure fermarlo, per impedire che compisse qualche reato? Dalla Chiesa non ebbe dubbi. Girotto andava fermato. Così, si decise di intervenire a Pinerolo. Ma qualcuno molto bene informato telefonò a Levati. Che a sua volta tentò inutilmente di avvertire Curcio. L'operazione andò quindi a buon fine: a Pinerolo furono intercettati e arrestati Curcio e un altro pezzo da novanta delle Br, Alberto Franceschini.

Girotto "sfuggì" all'arresto e cercò di proseguire nel doppio gioco. Levati, impavido, lo incontrò ancora e gli raccontò, tra le altre cose, della telefonata, dei suoi vani tentativi di rintracciare Curcio, rivelandogli anche di aver contattato Mario Moretti, ma che neppure lui era stato in grado di avvertire Curcio della "soffiata". E Levati avrebbe ancora incontrato Girotto, spensieratamente, chissà quante altre volte, se un volantino diffuso dalle Br non gli avesse rivelato il doppio gioco di Girotto («un serpente nascosto sotto la tonaca del frate»). A quel punto i carabinieri "formalizzarono" la posizione di Girotto e ne fecero regolare rapporto a Caccia e a me. Lo interrogammo a più riprese. La prima volta, per ragioni di sicurezza, nella casa privata del capitano Gustavo Pignero, l'ufficiale del Nucleo che aveva gestito l'operazione. Ricordo che Girotto si presentò con tanto di barba finta e parrucca, avvolto in un vistoso tabarro. Sceneggiata a parte, come testimone si rivelò precisissimo; inoltre i carabinieri portarono in dote all'inchiesta le registrazioni che Girotto ("microfonato" come nei film di 007) aveva fatto durante i suoi colloqui. Ma le registrazioni (peraltro piuttosto disturbate) riguardavano unicamente gli incontri con Levati. Coi brigatisti a 24 carati non erano state possibili, perché Curcio e gli altri (almeno questa volta prudenti) pretendevano che Girotto stesse a torso nudo come loro, a godersi il sole della montagna.

Chi potesse aver fatto quella telefonata («Curcio sarà arrestato domenica a Pinerolo») rimane ancora oggi un mistero. Caccia e io sapevamo di Girotto, sapevamo che fosse prevista un'operazione, ma dove, quando e con chi, lo ignoravamo. Chi fece la telefonata era meglio informato di noi. Una brutta storia.

C'è chi ha voluto vedere in questo episodio una delle prove dell'ambiguità della figura di Mario Moretti, leader indiscusso delle Brigate rosse dal 1974 al 1981, dopo l'arresto di Curcio e Franceschini. Moretti sapeva di quella telefonata e raccontò poi di aver provato anch'egli ad avvertire Curcio, ma di non esserci riuscito. E la caduta di Curcio e di Franceschini gli spianò la strada per insediarsi al vertice delle Br.

Ancora oggi dubbi e sospetti certo non mancano, ma sono portato a credere che le Brigate rosse, sostanzialmente, non siano mai state nulla di diverso da quello che conosciamo (ma tutte le volte che lo dico guardo l'orologio e preciso, come faccio ora, "perlomeno fino alle ore X del giorno Y", salva l'eventuale acquisizione di nuovi elementi domani o dopodomani). E se Moretti fosse stato un traditore, i primi a "denunciarlo" e "processarlo" sarebbero stati i suoi stessi compagni, quando notizie del genere fossero cominciate a circolare o quando si fossero ritrovati con lui in carcere, dopo il suo arresto. Per cui, o hanno accettato per quasi un decennio di farsi guidare da un infiltrato, oppure avevano la certezza del contrario.

Se c'è un'ombra nella storia di Mario Moretti – semmai – riguarda la gestione del memoriale di Aldo Moro, redatto dal presidente della Democrazia cristiana durante la sua prigionia, e mai reso pubblico dalle Brigate rosse. Vi erano contenute crude rivelazioni (a partire da Gladio) e pesanti giudizi su importanti personaggi pubblici (a partire da Giulio Andreotti), che nell'ottica criminale delle Br avrebbero "dovuto" essere sfruttati da chi stava facendo la guerra allo Stato per provocare nel fronte avversario possibili contrasti, lacerazioni e fratture. Se davvero non lo avevano capito – come, con scarso senso del ridicolo, dichiara il signor Moretti –, allora avevano davvero sbagliato mestiere.

Sta di fatto che, misteri a parte, l'8 settembre 1974 ci trovammo di fronte i capi di quelle che molti continuavano a definire "fantomatiche" Brigate rosse. Talmente fantomatiche che – nonostante i sequestri Amerio e Sossi – quel giorno incontrai un noto cronista de *La Stampa* al quale comunicai:

«Hanno arrestato Curcio e Franceschini».

«Ah?... E chi sono?».

L'uno e l'altro si dichiararono prigionieri politici, negando di conoscersi benché fossero a bordo della stessa macchina e benché i loro nomi comparissero insieme nel colophon di una diffusa rivista parabrigatista. Un po' patetica, questa loro *naïveté*, anche se si trattava del preludio a una stagione di "guerriglia" che causerà una lunghissima scia di sangue e sofferenza. Da subito si manifestarono due personalità piuttosto distanti. Curcio (che come nome di battaglia aveva assunto quello di uno zio partigiano, Armando) non era affatto arrogante, cercava di catechizzare, parlava delle sue letture. Ricordo che in quel periodo prediligeva Heinrich Böll.

Franceschini, invece, si comportava in maniera completamente diversa. Non appena ci sedemmo di fronte a lui, si dichiarò "rivoluzionario di professione" e con improntitudine, con aria di sfida mi domandò: «Ma lei non è di Magistratura democratica?». Secondo lui, in quanto magistrato "democratico", avrei dovuto essere dalla sua parte di criminale. Difficile dire se fosse una provocazione, ovvero la prova dell'incapacità brigatista di percepire la realtà italiana, per loro – evidentemente – troppo complessa. Comunque sia, gli risposi a muso duro, occhi negli occhi, dicendogli: «Sì, e allora?». La cosa non finì lì: mi costerà anni e anni di sberleffi da parte di Caccia, le cui rispettabilissime idee – sul piano politico-culturale – non erano propriamente le mie.

Questo scambio di battute fu l'inizio di un rapporto con Franceschini che ebbe momenti burrascosi. L'anno dopo, nel carcere di Saluzzo, tentò addirittura di aggredirmi fisicamente nel corso di un interrogatorio. Mi volò addosso, senza riuscire a colpirmi perché venne bloccato da un carabiniere. Lui sostenne di avermi centrato con un pugno, ma – mi dispiace per lui – non fu così. Salvo che fossi sotto anestesia senza saperlo.

Al processo si difese giustificando l'aggressione come reazione per l'arresto (peraltro mai avvenuto) di Cesarina Carletti, da tutti soprannominata "nonna Mao", ex partigiana, simpatizzante Br, instancabile nella diffusione di volantini dell'organizzazione mescolati alla mercanzia esposta sul suo banco di vendita al mercato di Porta Palazzo, a Torino. In alternativa, Franceschini mi accusò di aver parlato di Margherita Cagol, moglie di Renato Curcio (morta il 5 giugno 1975 in un conflitto a fuoco con i carabinieri alla Cascina Spiotta, dov'era tenuto sequestrato l'industriale Vallarino Gancia) chiamandola Mara, il nome di battaglia, confidenza che non mi sarei dovuto permettere. In realtà il suo vero obiettivo – eravamo alla vigilia del deposito degli atti del processo per banda armata ai "capi storici" – era ricusare il giudice istruttore, costringermi a lasciare il posto a un altro che avrebbe dovuto ricominciare tutto da capo o quasi, ritardando i tempi del processo e aprendo la strada a qualche decorrenza dei termini.

Ovviamente, le motivazioni del signor Franceschini non furono tenute in grande conto, essendo chiaro che anche un codice ipergarantista come il nostro non consente all'imputato di scegliersi il giudice aggredendo chi non gli va. Il (tentato) pugno, comunque, per Franceschini non era che «un piccolissimo acconto» di quel che la giustizia proletaria non avrebbe mancato di farmi pervenire, essendo io «un servo formalista abituato a giustificare legalmente le illegalità necessarie (...), il più infido e pericoloso dei banditi» che «con le loro gambette rachitiche» pedalavano sul «triciclo sgangherato del compromesso storico» e della «controrivoluzione». Il tutto pubblicato come introduzione al libro edito dalla casa editrice Bertani nel 1975, leggiadramente intitolato *Criminalizzazione della lotta di classe*, che riproduceva integralmente la requisitoria di Bruno Caccia nell'inchiesta sui "capi storici" delle Br.

Non ho alcun rancore nei confronti di Franceschini, ma non posso ignorare che spesso gli sia capitato di raccontare, su di me, cose sbagliate. Vuoi per cattivi ricordi, vuoi per la riemergente tendenza a inventarsi panzane del tipo sperimentato per giustificare l'aggressione nel carcere di Saluzzo. Così, ci sono alcuni passaggi nel libro *Mara Renato e io* di Pier Vittorio Buffa e Franco Giustolisi che, per quanto mi riguarda, sono fasulli. Ad esempio, Franceschini racconta che, avendo lui, al momento dell'arresto, rifiutato di fornire le sue generalità, gli avrei proposto di dirmi se fosse almeno uno dei tre nomi che gli facevo: Fabrizio Pelli, Roberto Ognibene e Alberto Franceschini.

Semplicemente assurdo: prima di tutto sono un magistrato e non un conduttore di quiz; secondo, Ognibene e Pelli, in quel momento, non sapevo neanche chi fossero. Dell'esistenza di Ognibene, in particolare, seppi soltanto qualche mese dopo, quando andai da lui in ospedale dopo il conflitto a fuoco in cui venne ucciso il maresciallo Felice Maritano. Non meno assurde certe elucubrazioni sulle modalità dell'arresto di Pinerolo. Qui la fantasia di Franceschini arriva a ipotizzare che «forse (Caselli) voleva insinuarmi il dubbio che Mario Moretti era protetto dai carabinieri». Sono stato insultato in vari modi, ma francamente del fiancheggiatore delle Br non me l'aveva mai dato nessuno.

Molto tempo dopo, alla fine degli anni Novanta, incontrai ancora Franceschini nel carcere di Rebibbia (allora dirigevo il Dipartimento amministrazione penitenziaria), durante un'iniziativa cui partecipavano anche dei detenuti. Questa volta Franceschini mi venne incontro con la mano tesa. Ma dubito che l'antica ostilità sia del tutto sparita.

Ho sempre pensato che il vero capo delle Brigate rosse non fosse tanto Curcio, quanto proprio Alberto Franceschini, che era un po' la sintesi del brigatista tipo. Sapeva combinare in sé capacità di elaborazione intellettuale, dove Curcio eccelleva, insieme all'attitudine all'azione militare, dove Curcio invece aveva notevoli lacune. Le Br ebbero poi un processo di "curcizzazione", nel senso che si finì per identificarle in Curcio dopo la clamorosa evasione dal carcere di Casale Monferrato, nel febbraio 1975 (mentre il piano di far evadere Franceschini da Novara era rimasto ineseguito). Su Curcio, poi, si rifletteva il grande carisma di cui godeva la moglie Mara Cagol, carisma trasformatosi in mito – nelle Br e oltre – dopo la sua morte in un conflitto a fuoco. Ho sempre pensato che di questa "curcizzazione" Franceschini non fosse troppo contento.

Di altri brigatisti "visti da vicino" ho ricordi meno intensi e tuttavia vividi. Pietro Bassi, studente di filosofia, era un tipo alla Curcio, che appena poteva ci parlava di "uomo nuovo", di nuove prospettive per l'umanità che con le Br si sarebbero dischiuse (nelle sue parole anche autoironia, ma non saprei dire quanta). Pietro Bertolazzi, invece, sembrava preoccupato soprattutto del giudizio che avrebbe espresso su di lui la moglie Manuela, una donna molto bella che forse ne aveva condizionato alcune scelte. Tonino Paroli (arrestato a Torino il 30 aprile 1975 insieme ad Arialdo Lintrami) inaugurò una nuova stagione nei rapporti delle Br con gli inquirenti. Mi avevano insegnato a presumere sempre la non colpevolezza e a dare la mano a tutti gli imputati, quale che fosse l'accusa che li riguardava. Così facevo anche con i brigatisti detenuti, che all'inizio – pur dichiarandosi prigionieri politici e rifiutando di rispondere alle domande – avevano nei confronti del giudice un atteggiamento formalmente neutro, quasi corretto. Finché Paroli, appunto, non cambiò registro. Un giorno rifiutò con sdegno la consueta stretta di mano: «Se fra noi c'è il rappresentante di una banda armata, quello è lei, non io». Era appena stata uccisa Mara Cagol, e le Brigate rosse avevano interpretato questa morte come una vera dichiarazione di guerra, anche perché il brigatista che era con lei, fuggendo e lasciandola sola, aveva – ne sono convinto – fornito all'organizzazione una versione dei fatti fuorviante, tutta tesa a caricare sui carabinieri (nel conflitto a fuoco perse la vita anche l'appuntato Giovanni D'Alfonso) la responsabilità esclusiva della tragica dinamica degli eventi. Cominciò così una stagione assai conflittuale. Gli interrogatori si trasformarono in episodi di mini-guerriglia, si moltiplicarono i tentativi di aggressione, al punto che le macchine per scrivere dovettero essere imbullonate alle scrivanie per impedire che ci venissero lanciate addosso. Alla fine i brigatisti rifiuteranno di uscire dalle celle, avvalendosi della facoltà di non rispondere.

Alcuni "irriducibili" continuarono a manifestare ostilità anche in "zona Cesarini", quando ormai tutto o quasi poteva dirsi finito. Fu il caso di uno degli ultimi arrestati, un giovane appartenente a un nucleo di Brigate rosse di recente formazione. Nel corso di un interrogatorio nel carcere nuorese di Bad'e Carros, improvvisamente mi spinse contro la scrivania, mentre io opponevo resistenza, spingendola verso di lui. Una scena da comiche finali, che il personale di servizio bloccò dopo pochi secondi. Non a caso la stessa persona aveva fatto parte di un gruppo che, nell'intenzione di colpirmi, non aveva trovato di meglio che sbirciare i miei spostamenti facendo viaggiare avanti e indietro un militante su un autobus. Tutto il santo giorno. Peccato che l'autobus incrociasse soltanto per pochissimi istanti, in movimento, la via dove abitavo (e dove abito tuttora). Da non credere, al limite del ridicolo. Eppure, quel gruppo, forzando un posto di blocco a Corio Canavese, uccise il vicebrigadiere Benito Atzei, l'8 ottobre 1982.

Tornando a Tonino Paroli, ricordo di aver partecipato – anni dopo – a un convegno sulla legalità a Reggio Emilia. Fra gli interventi del pubblico, uno risuonò con un linguaggio che mi tornò, in qualche modo, "familiare". Per cui non mi stupii affatto quando – al termine della serata – l'autore dell'intervento (che non avevo riconosciuto) si presentò con nome e cognome: Tonino Paroli. Oggi è un apprezzato pittore; un suo quadro (decisamente bello, anche se un po' caro...) è appeso nel mio studio.

Prospero Gallinari e Alfredo Buonavita vennero arrestati nel novembre 1974, nei pressi di una banca, che forse volevano rapinare. Furono subito ben felici di passare dalla squadra mobile che li aveva fermati alla Digos, la squadra politica, perché ritenevano di essere così assai più considerati e garantiti. Un fatto – tra i tanti – che andrebbe raccontato agli intellettuali francesi che, parlando dell'Italia, blaterano di regime poliziesco e di abdicazione allo Stato di diritto nella repressione del terrorismo.

Buonavita deciderà di collaborare parecchi anni dopo, inserendosi nel filone ormai aperto da molti altri. Gallinari, invece, riuscirà a evadere da un carcere veneto e parteciperà al sequestro Moro (secondo una delle tante, contrastanti ricostruzioni, sarebbe stato lui a uccidere). Figura ormai lontana dal ragazzone celebre per le sfide lanciate prima di darsi alla militanza brigatista, tipo mangiare venti piadine di fila o stare a torso nudo sotto un albero tutta la notte.

Si è spesso parlato di "talpe" che in quegli anni fornivano notizie riservatissime all'organizzazione dall'interno delle fabbriche. Ricordo al riguardo Adriano Carnelutti (omonimo del grande giurista) che dal Lodigiano era emigrato a Torino per farsi operaio Fiat e svolgere un lavoro pesantissimo nelle fonderie, proprio per raccogliere dati utili per i "diari di fabbrica" delle Br. Ma più che una talpa era un infiltrato. In più l'organizzazione non era poi così capillare: moltissime notizie venivano ricavate dalla sistematica lettura di giornali d'ogni tipo, per esempio *Il pensionato Fiat*, di cui nei covi Br si troveranno collezioni complete. Una miniera di notizie sulla fabbrica, poi trasferite tali e quali sui volantini con la stella a cinque punte.

La vicenda di Carnelutti fu determinante per i miei futuri rapporti con la stampa. Avvicinato da un cronista che chiedeva notizie sull'arresto, io – educato fin lì alla riservatezza "sabauda", che non prevedeva rapporti con i giornalisti – negai tutto. Il cronista, seccato, se ne andò annunciandomi che avrebbe comunque pubblicato ciò che aveva. Il giorno dopo su *La Stampa* comparve un comunicato di sedicenti parenti del Carnelutti (in realtà, alcuni almeno, brigatisti doc) che mi accusavano, senza mezzi termini, di sequestro di persona e tortura. Fu da allora che Caccia e io decidemmo di tenere delle conferenze stampa, divenute poi abituali, perché non suonasse soltanto una campana.

Adriana Faranda e Valerio Morucci, arrestati a Roma nel maggio 1979, li interrogai nel carcere di Rebibbia, perché la Skorpion usata per assassinare Coco era la stessa arma usata per uccidere Moro, l'arma che Morucci aveva portato "in dote" entrando nelle Brigate rosse. Indagando sull'omicidio di Coco scoprimmo che quella micidiale mitraglietta, fino alla metà degli anni Settanta, si poteva comprare addirittura per corrispondenza, perché considerata semiautomatica e non da guerra, anche se bastava un semplice ritocco per trasformarla in automatica. La Faranda si stravaccò sulla sedia, sigaretta accesa in bocca, rifiutando di rispondere e limitandosi a dichiarare che la Skorpion era patrimonio della rivoluzione in cui lei si identificava. In pratica una confessione, non potevo sperare di più. Morucci, invece, rimase in piedi e se ne andò subito per un impegno improrogabile, una partita di pallavolo in cortile. In realtà continuava a giocare a quella "rivoluzione" di cui ancora non voleva riconoscere il totale fallimento.

Mario Moretti non l'ho "visto da vicino", solo da lontano. Lunghissima infatti era la stanza della questura dove ci incontrammo, ma da buon "prigioniero politico" rifiutò l'interrogatorio e si tenne a debita distanza. Evidentemente, ai suoi occhi, ero un magistrato diverso da quelli che – come racconterà in *Br, una storia italiana*, libro intervista con Carla Mosca e Rossana Rossanda – lo avevano assolto, nei primi anni Settanta, per una rapina in Valsugana che aveva commesso. Allora i giudici, spiega Moretti, «non erano ancora giustizialisti».

Moretti lo associo soprattutto a un fatto accaduto proprio il 4 aprile 1981, giorno del suo arresto. Ero a Palermo per un convegno, tra gli altri con il giornalista de *l'Unità* Ibio Paolucci. Rientrando la sera in albergo, vedemmo una tavolata affollatissima. Erano esponenti del Pci a cena con Enrico Berlinguer dopo una faticosissima giornata in giro per la Sicilia. Paolucci me lo presentò e io – con scarsissimo tatto – ne approfittai per tenerlo in piedi (mentre gli altri, ovviamente, cenavano di gusto) per oltre quaranta minuti, esponendogli minuziosamente le mie teorie sull'importanza dei collaboratori di giustizia e sulla necessità di considerarli insostituibili mezzi di lotta al terrorismo. La pazienza, l'attenzione e la sensibilità che Berlinguer mi riservò quella sera – nonostante l'evidente stanchezza – oggi mi fanno sentire quasi in colpa, ma è forse il più caro ricordo di un uomo davvero unico ed eccezionale.

Moretti, se non rammento male, era parente di Enrico Fenzi, professore universitario genovese, brigatista abbastanza anomalo. Di Fenzi conservo una bella lettera che mi ha scritto dopo la nomina a procuratore di Palermo. Di messaggi di auguri e di sostegno ne ho ricevuti una valanga, ma questo non è certo passato inosservato.

Capitava anche che qualcuno si millantasse brigatista. Ricordo un tal Casiraghi che, arrestato in Francia perché in possesso di banconote false, si autoaccusò nientemeno che dell'omicidio di Fulvio Croce. Marcello Maddalena (oggi procuratore generale di Torino) e io ci precipitammo a Bordeaux per interrogarlo, comprendendo però subito che si trattava di una menzogna per evitare l'estradizione. Casiraghi non fu nemmeno in grado di indicare, tra le tante foto che gli mostrammo, quale fosse il portone di via Perrone 5 a Torino, dove l'avvocato era stato colpito a morte. Abbandonammo il presunto reo confesso al suo destino, sconcertando l'anziano collega francese presente all'interrogatorio, stupito che non ne volessimo più sapere.

Casiraghi, per altro, non era esattamente uno qualunque. Aveva partecipato insieme a Carlo Fioroni, esponente di Potere operaio, al sequestro e all'omicidio dell'amico e compagno Carlo Saronio, ucciso a Milano nell'aprile 1975 da una dose eccessiva di cloroformio. Fioroni venne arrestato pochi mesi dopo e nel 1979, in un memoriale, accusò vari soggetti militanti nell'area di Autonomia operaia – tra cui Toni Negri –, dando il via al cosiddetto "Processo 7 aprile", istruito dal sostituto procuratore di Padova Pietro Calogero, convinto – nella prima fase delle indagini – di aver individuato anche i brigatisti responsabili del sequestro Moro.

Anche noi di Torino ci occupavamo di Negri nell'inchiesta relativa a *Controinformazione*, organo ufficioso delle Br (sarà prosciolto per insufficienza di prove alla fine dell'istruttoria). Perciò andammo a interrogare Fioroni. Si rivelò però di una fragilità – almeno per noi – abbastanza evidente. Stava leggendo un manuale di psichiatria di Giovanni Jervis, di cui mi consigliò la lettura (un buon consiglio, devo dire). Per Negri invece – uomo certamente di grande intelligenza anche se mal applicata – gli interrogatori erano un gioco, una specie di partita a scacchi. Ovviamente eravamo tutti, a Torino come a Padova, dei visionari e lui non aveva mai istigato né preso parte ad attività che il Codice penale vietasse. Anni dopo mi spedirà in ufficio una sua pubblicazione, *Pipe line*, con dedica autografa – bontà sua – che suonava più o meno così: «A lei, che nonostante tutto è stato un giudice onesto». Certo è che Negri, anche senza indulgere a retorici stereotipi, era stato davvero un "cattivo maestro", non il capo delle Brigate rosse, ma un soggetto capace di indurre tanti giovani a pratiche di violenza politica. Salvo poi, messo di fronte alle sue responsabilità, candidarsi alla Camera per cercare l'immunità e riparare poi in Francia.

La svolta – quella vera, che ci fece vedere "da vicino" un intero mondo di brigatisti e militanti di Pl – arrivò il 19 febbraio 1980. In pieno Carnevale, tra le giostre di piazza Vittorio a Torino, finirono in manette Patrizio Peci e Rocco Micaletto. Peci era il capo della colonna torinese delle Brigate rosse. Aveva diretto o preso parte a tutti gli attentati commessi in città e in provincia tra il 1976 e il 1980. All'inizio si allineò a Micaletto: prigioniero politico, difensore di "area" l'avvocato Edoardo Arnaldi di Genova. Ma poi Peci entrò in crisi. Umana, politica. I segni del disagio li colse per primo il maresciallo Angelo Incandela, comandante della polizia penitenziaria di Cuneo. Incandela avvisò immediatamente un po' tutti, servizi, polizia, carabinieri. Come si mossero gli altri non lo so, posso solo immaginarlo. Tentarono di avvicinare Peci in maniera, come dire, informale. Il generale dalla Chiesa, invece, fu l'unico a fare la cosa giusta. Si presentò nel mio ufficio, mi disse che Peci avrebbe potuto collaborare e chiese di essere autorizzato a parlargli. È nei poteri del giudice istruttore titolare dell'inchiesta concedere tale autorizzazione. Così, infilai un foglietto di carta intestata all'ufficio nella mia Olivetti "Studio 44" e in pochi minuti scrissi parole che conservo ancora a memoria: «Si autorizza il latore della presente, generale Carlo Alberto dalla Chiesa, o altro ufficiale dell'Arma dal medesimo delegato, ad avere colloqui con il detenuto Peci Patrizio nel carcere di Cuneo, senza limitazione alcuna di orari e numero di colloqui. Firmato Bruno Caccia, procuratore della Repubblica e Mario Carassi, capo dell'ufficio Istruzione di Torino». Andai da Caccia e Carassi, spiegai loro la situazione e ottenni che sottoscrivessero il foglio. Ritornai dal generale e glielo consegnai firmato. La copia di questo foglietto deve ancora esistere in qualche faldone processuale ormai in archivio. Così cominciava la fine delle Brigate rosse, e non solo.

All'inizio, Peci parlò in qualità di confidente dei carabinieri, non ancora di collaboratore di giustizia. Vale a dire che i carabinieri non stendevano verbali ufficiali ma prendevano appunti informali (riempiendo, uno dopo l'altro, decine e diecine di quadernetti di scuola) per accertamenti e indagini. Dalla Chiesa e i suoi collaboratori ci tenevano al corrente di ogni cosa. Peci raccontò tutto quello che sapeva. E i risultati arrivarono. Furono arrestate alcune persone a Torino e altre nel Biellese, indicate da Peci come retroterra logistico della colonna torinese. In un cascinale vicino a Biella si trovarono (interrati in bidoni) documenti, stendardi, materiale vario e soprattutto armi. Un vero arsenale da guerra, la quota torinese di quel che Moretti aveva ottenuto dai palestinesi di *Al Fatah* e portato in Italia a bordo di un veliero di nome Papago. Tra le tante armi anche la famigerata Nagant, che i periti avevano ricollegato a tutti gli attentati commessi in Torino. Un revolver che impugnai e mi sembrò pesantissimo.

Con quell'arma aveva sparato anche Nadia Ponti, che certo non era un gigante: come se il fanatismo consentisse azioni al di là dei limiti fisici.

Ma le confidenze, in Tribunale, non furono sufficienti. E anche i processi conseguenti a quelle confidenze si conclusero con un nulla, o quasi, di fatto.

La collaborazione di Peci, intanto, si costellava anche di eventi drammatici. La notte del 28 marzo 1980 i carabinieri irruppero in un appartamento di via Fracchia 12 a Genova, quartiere Oregina. Era un covo delle Br, cui si arrivava seguendo le precise indicazioni di Peci. Ne nacque una violenta sparatoria: gravemente ferito un carabiniere, morirono Annamaria Ludman, Lorenzo Betassa, Piero Panciarelli e Riccardo Dura. Dura era il capo dell'inafferrabile colonna genovese delle Brigate rosse. Tra l'altro, era l'uomo che aveva sparato al commissario Esposito e a Guido Rossa (ucciso un anno prima – le storie di terrorismo sono piene di coincidenze – proprio in via Fracchia, a meno di cento metri di distanza). Patrizio Peci alla notizia delle conseguenze del conflitto a fuoco di Genova entrò profondamente in crisi. Mario Griffey e io lo incontrammo nel carcere di Torino e faticammo non poco per convincerlo a non cedere.

E siamo al primo aprile del 1980. Era in corso il trasferimento di Peci da Torino a Pescara quando – alle primissime ore dell'alba – ricevetti una telefonata. Peci era fermo nella caserma dei carabinieri di Cambiano, voleva parlare con un magistrato e verbalizzare tutto. Avvertii i colleghi. Mario Carassi designò me e Griffey come giudici istruttori, Bruno Caccia Alberto Bernardi come pm. Ci precipitammo a Cambiano e cominciarono le quarantotto ore più lunghe e importanti della nostra esperienza di magistrati. Per due giorni di seguito, praticamente senza fermarci mai, se non per qualche pausa caffè, raccogliemmo le dichiarazioni di Patrizio Peci. Lo esortammo a essere il più possibile sintetico, a indicare – attentato dopo attentato – nome e numero dei partecipanti, ruolo svolto da ciascuno, armamento, auto usate, modalità di rivendicazione, e a disegnare piantine dei luoghi, collocandovi i protagonisti. Ecco perché il racconto di quei giorni può apparire troppo freddo, se non cinico o spietato. Fummo noi a chiedergli solo ed esclusivamente l'essenziale. In questa prima fase non si poteva fare altrimenti.

Per i suoi ex compagni "irriducibili" Peci diverrà "l'infame", ma per noi sarà il grimaldello che consentirà di scardinare e disarticolare le Brigate rosse, e non solo.

L'esordio di Peci fu chiaro: «Non credo più nella lotta armata, ne voglio uscire per crearmi una nuova vita e impedire altri morti. Collaboro anche perché il generale dalla Chiesa mi ha prospettato la possibilità di una legge in favore di chi collabora». Poi raccontò tutto nei minimi particolari. Dichiarò soltanto che non avrebbe messo a verbale il nome di una persona alla quale si sentiva legato sentimentalmente, Maria Rosaria Roppoli. La Roppoli si costituì spontaneamente quando la collaborazione di Peci divenne nota, per prendere le distanze "dall'infame". Caso probabilmente unico nella storia delle Br, al punto che alla questura di Torino la presero per una mitomane. Per fortuna il dottor Fiorello – prima di congedarla – pensò bene di telefonarmi:

«Dottore, c'è qui una matta che dice di essere delle Brigate rosse. Che facciamo, la mandiamo via, no?»

«Come si chiama?»

«Roppoli».

«Roppoli come?»

«Maria Rosaria».

«No, non mandatela via, trattenetela, grazie. Non è matta. Poi vi spiego».

Durante l'interrogatorio di Cambiano, il generale dalla Chiesa passeggiava continuamente fuori della nostra stanza, in corridoio. Come un padre in ansiosa attesa della nascita di un figlio. Ogni volta che terminava un foglio di verbale, lo sfilavamo dalla macchina da scrivere per consegnarglielo, in modo che i suoi uomini potessero farne copia e sviluppare immediatamente le informazioni. E così avvenne.

Da subito avemmo la certezza di trovarci di fronte a una svolta decisiva. Non ci sfiorava mai il dubbio che Peci stesse mentendo. Tuttavia, ogni parola andava verificata minuziosamente. E lì cominciava il difficile. Dopo pochi mesi si potè dire che Peci non aveva sbagliato una virgola, sia perché tutte le sue dichiarazioni risultavano rigorosamente riscontrate, sia perché molti altri seguirono la sua strada incrociando e rafforzando, senza conoscerle, le sue rivelazioni (in gergo si chiama "convergenza del molteplice").

In un caso soltanto tememmo contraddizioni o inesattezze nel suo racconto. A proposito di un ferimento Peci raccontò tutto, come al solito, per filo e per segno: inchiesta, organizzazione dell'attentato, composizione del commando e ruoli dei componenti, dinamica dell'azione, fuga, cambio d'auto, volantino e telefonata di rivendicazione. La tecnica delle Br prevedeva il furto di un'auto "pulita" per raggiungere il luogo dell'attentato. In questo come negli altri casi, Peci raccontò anche dove, quando e da chi venne rubata l'auto. E – precisissimo come sempre – riferì anche di aver trovato nel baule due damigiane "di ottimo vino", con il quale (cinismo brigatista) avevano festeggiato la sera il buon esito dell'azione. Noi recuperammo la denuncia di furto dell'auto dove erano elencati minuziosamente gli oggetti in essa contenuti, dalla madonnina sul cruscotto al termometro. Nessuna traccia, però, del vino. Delle due l'una: o Peci aveva raccontato una balla e allora tutto crollava, oppure ricordava male e quella testimonianza (non solo quella) non crollava, ma traballava. Allora ricontattammo il proprietario dell'auto, il quale effettivamente ci confermò che sì, nel baule c'era del vino e si compiaceva pure che Peci lo avesse trovato buono, visto che era di sua produzione. Non ne aveva parlato nella denuncia – ci spiegò – perché non lo riteneva pertinente a fini assicurativi. Tirammo un sospiro di sollievo. Non solo: ottenemmo anche un riscontro principesco, perché Peci raccontò qualcosa che soltanto il ladro e il proprietario dell'auto potevano sapere. Nessun altro al mondo, non poliziotti, non magistrati, non giornalisti conoscevano quel particolare.

Un caso analogo capitò nell'indagine sull'omicidio di Emilio Alessandrini. Prima linea aveva una tecnica diversa per procurarsi macchine "pulite". Non forzavano la serratura, aspettavano che qualcuno abbandonasse l'auto con le chiavi inserite nel quadro durante una breve sosta (cosa che, evidentemente, a quei tempi accadeva spesso). Anche l'auto usata per l'omicidio Alessandrini – racconteranno i pentiti – venne rubata in questo modo. Di nuovo si recuperò la denuncia, dove invece il proprietario parlava di chiavi cadute in un tombino. Lo contattammo e ci confidò di aver aggiustato i fatti per ragioni di polizza assicurativa (per il furto di un'auto lasciata in strada con le chiavi nel cruscotto non era previsto risarcimento).

Le dichiarazioni di Peci potevano dividersi in due tronconi: quelle relative alle azioni della colonna torinese, a cui lui stesso aveva partecipato in quanto capo o militante regolare, e quelle relative al periodo precedente, quando – da "irregolare" – agiva a Milano. Del troncone milanese ci occupavamo Mario Griffey e io, convocando tutte le persone indicate da Peci come militanti irregolari; spesso stimati professionisti, sindacalisti, operai. Ricordo perfettamente i difensori (soprattutto dei sindacalisti) trattarci con una certa sufficienza come a dire: «Ma che volete da noi, perdete il vostro tempo, state prendendo un colossale abbaglio». Fino a che calammo la carta vincente: «Le risulta che qualcuno la chiami...» e pronunciavamo il nome di battaglia (rivelato da Peci) con cui l'interlocutore era noto all'interno dell'organizzazione. In quel momento capivano che non correvamo dietro a fantasmi, che sapevamo molto più di quanto loro potessero immaginare. E l'atteggiamento di supponenza, talvolta di arroganza, crollava immediatamente. Tutti, uno dopo l'altro – quanto meno per uscirne con il minor danno – finivano per ammettere. E le dichiarazioni di Peci trovavano i primi, formidabili riscontri.

Interrogammo Peci decine di altre volte nel carcere di Pescara e poi in quello di Alessandria. Assisteva a tutti gli interrogatori l'avvocato Aldo Albanese di Torino che, coraggiosamente, non si sottraeva alla designazione d'ufficio. Insieme al generale dalla Chiesa giravamo tutti i carceri del Piemonte alla ricerca di una struttura idonea per ospitare personaggi del calibro di Peci. Alla fine dalla Chiesa espropriò, di fatto, l'infermeria del carcere di Alessandria, da quel momento destinata ai "grandi" pentiti (sia rossi che neri).

Purtroppo, l'irruzione di via Fracchia non è l'unico momento drammatico della vicenda Peci. Prima di pentirsi era assistito dall'avvocato genovese Edoardo Arnaldi, legale di valore ma "organico" alle Brigate rosse. All'inizio Peci tacque su questa posizione, poi la rivelò, fornendo sicuri elementi di prova. Inevitabile a quel punto emettere un mandato di cattura. Quando i carabinieri entrarono nel suo studio, Arnaldi si uccise. La notizia ci raggiunse mentre eravamo a Roma per consegnare ai colleghi della capitale i verbali di Peci appena redatti. Griffey e io rimanemmo sconvolti. Se una persona di cui ti stai occupando reagisce uccidendosi, gli interrogativi – com'è facile immaginare – sono pesantissimi. Posso testimoniare che lo sono stati anche per Peci, che di Arnaldi aveva fatto il nome.

Ma il peggio per Patrizio Peci doveva ancora arrivare. Il primo giugno 1981 le Brigate rosse – comandate, dopo l'arresto di Moretti, dal criminologo Giovanni Senzani – sequestrarono a San Benedetto del Tronto Roberto, fratello di Patrizio. Roberto venne tenuto prigioniero per settimane in condizioni infami, sottoposto a maltrattamenti, a pressioni psicologiche inaudite. Poi lo uccisero vigliaccamente in una discarica, il 10 agosto. E ne filmarono pure l'esecuzione. L'obiettivo delle Br era fargli "confessare" che il fratello fosse stato arrestato non una ma due volte, e che dunque avesse agito da infiltrato in accordo con i carabinieri. All'inizio della sua prigionia, Roberto raccontò la verità e le Br la riportarono nel primo volantino. Di un doppio arresto neppure l'ombra. Poi riuscirono a estorcergli il falso, ma questo non gli salvò la vita. Una vera rappresaglia di stampo nazista: Roberto Peci giustiziato solo perché fratello di Patrizio, il primo pentito.

La storia del doppio arresto di Patrizio Peci – lo dico senza alcun dubbio – è una fandonia clamorosa. Di arresto ce ne fu uno e uno solo. Ero e sono in grado di dimostrare che le Br truccarono le carte, per esempio costringendo Roberto Peci a parlare di telefonate al centralino (che allora non esisteva neppure!) del Palazzo di giustizia di Torino. È nei particolari, molte volte, che si nasconde la prova del falso.

Quelle del sequestro furono ovviamente settimane drammatiche. Peci tornò a Torino, nella caserma di via Valfrè e mi colpì la sua determinazione. «Ho detto la verità – raccontò –, ho scelto la strada della collaborazione perché è quella giusta. Il sequestro di mio fratello è una vigliaccata criminale e io non posso cedere». Soprattutto mi colpì la fermezza dei familiari, pur nella disperazione e nella sofferenza. Li incontrai alcune volte e francamente non mi riuscì di dire loro niente più che qualche frase di circostanza.

Dopo la tragica conclusione di questa vicenda rilasciai un'intervista a Radio Radicale. Feci chiarezza sulla favola del doppio arresto e la smontai punto per punto. Dalla Chiesa mi telefonò per ringraziarmi, perché la verità era stata ristabilita.

È incredibile come ogni tanto la fantasia del doppio arresto di Peci si riaffacci nella prosa di qualche commentatore, evidentemente incapace di accettare che in Italia si possa fare qualcosa di importante linearmente, in maniera professionalmente corretta.

Le dichiarazioni di Peci ci consentirono di individuare e condannare i responsabili di tutti gli omicidi, i ferimenti, le rapine e i sequestri commessi a Torino, e non solo, dalle Brigate rosse. Peci inoltre innescò una specie di reazione a catena che portò a un'infinità di altri pentimenti, determinando lo svuotamento delle Br, che alla fine si afflosciarono su se stesse. Peci fu condannato, ma applicando la legge che prevedeva notevoli benefici per chi – come lui – aveva dato un contributo eccezionale nella lotta al terrorismo. Ha scontato la sua pena e credo si sia rifatto una vita. Come e dove non ho mai voluto saperlo, fedele al principio di conoscere solo quello che è necessario al mio lavoro. Recentemente mi ha fatto avere, con una dedica che ho apprezzato, la nuova edizione del suo libro autobiografico: *Io, l'infame*.

Ma le rivelazioni di Patrizio Peci risultarono decisive anche per lo smantellamento di Prima linea, banda armata non meno pericolosa delle Br. In uno dei suoi interrogatori parlò di un "piellino" torinese aspirante brigatista e fornì alcuni elementi per rintracciarlo. I carabinieri erano impegnatissimi sul versante dello sviluppo delle dichiarazioni di Peci concernenti le Br. Per guadagnare tempo e accelerare l'identificazione del "piellino", decisero di passare il verbale che lo riguarda alla questura. Cosa inusuale (si sa che le molte polizie del nostro Paese sono spesso in concorrenza tra loro), che i carabinieri mi "rimprovereranno" non poco. Ancora oggi qualcuno di loro, più o meno amichevolmente, me lo rinfaccia. Sta di fatto che in pochi giorni la polizia identificò il "piellino" in Roberto Sandalo, detto "Roby il pazzo", già noto in quanto ex membro del servizio d'ordine di Lotta Continua, dal quale era stato addirittura espulso perché troppo violento. Pochi giorni dopo l'arresto, anche Sandalo decise di collaborare, convinto – secondo la sua versione – dalle canzoni del primo maggio sentite risuonare sotto le finestre della questura.

Peci sapeva tutto perché era un capo. Sandalo no, ma era ugualmente a conoscenza di informazioni decisive. Prima linea, infatti, era un'organizzazione più movimentista, più slabbrata rispetto alle verticistiche e catacombali Brigate rosse. Per questo anche un quadro non di vertice come Sandalo era in grado di fornire informazioni in grado di disarticolare nel profondo l'organizzazione, fino a disintegrarla. Le sue rivelazioni permisero molti arresti in varie città d'Italia, tra cui quello di Fabrizio Giai, che di Pl – a differenza di Sandalo – era davvero un dirigente, membro del comando nazionale ("Ivan il normanno" era il suo sobrio nome di battaglia). Lo interrogò Marcello Maddalena, che gli contestò un cumulo di fatti e circostanze tanto da fargli pensare che la fonte fosse un militante del suo stesso livello. Giai, dunque, si sentì in qualche modo legittimato a parlare a sua volta. Maddalena non disse nulla che potesse chiarire l'equivoco. Giai, però, chiese che alla sua confessione partecipassi anch'io o, in alternativa, Maurizio Laudi, cioè due giudici istruttori che, in quanto esponenti di Magistratura democratica, Giai riteneva "di sinistra", secondo lui meglio portati a capire le problematiche del terrorismo. Maddalena mi "convocò" nel carcere di Cuneo, raccomandandomi di assistere all'interrogatorio in silenzio, come un convitato di pietra. Eseguii senza capire, finché – ma solo alla fine – Maddalena mi spiegò l'accaduto. Inutile dire che alle ironie di Bruno Caccia dopo il primo interrogatorio di Franceschini si aggiunsero quelle di Maddalena, che ha un orientamento politico-culturale ben diverso dal mio.

Un altro militante di Pl "visto da vicino" è Michele Viscardi, che gli organi di informazione amavano definire "il killer dagli occhi di ghiaccio". Più che gli occhi, però, la prima volta che lo incontrai osservai con attenzione ben altro. Viscardi era detenuto a Bergamo, per pentirsi chiese di parlare con un magistrato di Torino titolare dei processi Galli e Alessandrini. Toccò a me andare a Bergamo, e, appena mi sedetti di fronte a lui, mi consegnò una dettagliata piantina del posto in cui Caccia, Maddalena e io andavamo a giocare a tennis, segnalando in particolare la finestra di un palazzo cui era solito affacciarsi (certo non con buone intenzioni) un terrorista ancora latitante. Era, per Viscardi, una specie di garanzia iniziale di una genuina collaborazione, come sarà, con effetti devastanti per Pl. Tornato a Torino, mostrai la piantina ai miei compagni di tennis. Caccia, sarcasticamente, commentò: «Speriamo che non si siano segnati anche i punteggi, altrimenti ci avresti fatto una ben magra figura». Anche questo era Bruno Caccia, capace di sdrammatizzare con una battuta i momenti più imbarazzanti. Va da sé che il campo di tennis cambiò.

Pl era in ginocchio, ma prima si scatenò la bufera. Sandalo parlò del "comandante Alberto", che venne poco dopo identificato in Marco Donat-Cattin, figlio dell'allora vicesegretario della Democrazia cristiana, nonché ministro del Lavoro, Carlo Donat-Cattin. Non solo, oltre a rivelare la posizione di assoluto primo piano del "comandante Alberto" all'interno dell'organizzazione, Sandalo riferì anche di contatti diretti con il vicepresidente della Democrazia cristiana. Ripensandoci oggi, credo che gli unici a Torino a non sapere come stessero le cose a proposito di Marco Donat-Cattin fossimo noi magistrati. Nessuno – né la polizia, né i carabinieri – ci aveva mai accennato nulla.

Dal 1980-81 in poi, quando quella dei pentiti diventò un'autentica slavina, assistemmo soltanto più ai colpi di coda, spesso inutilmente sanguinari, di un terrorismo rosso morente, sconfitto, asserragliato nella giungla di cemento della clandestinità come i soldati giapponesi alla fine della Seconda guerra mondiale.

Il contributo dei pentiti fu ovviamente decisivo, come lo sarà quello dei pentiti di mafia all'inizio degli anni Novanta. Ma ci sono alcune grosse differenze. Innanzitutto i terroristi che si pentivano lo facevano principalmente perché era ormai chiaro che la partita fosse chiusa. Soffrivano di una profonda crisi ideologico-politica, non ci credevano più. Speravano in una legge premiale, ma si pentirono prima ancora che la legge venisse varata. Noi inquirenti (in particolare Armando Spataro e io) ci schierammo in prima fila perché le prospettive di una legge premiale fossero tradotte in realtà: sapevamo bene che senza quel contributo la guerra sarebbe stata molto più lunga, forse senza una fine. E in questo modo – purtroppo – entrammo talvolta in dolorosa, angosciante frizione con i parenti delle vittime. Ricordo ad esempio la vedova di Guido Galli che, con dignità e rispetto, ma anche con molta fermezza, ci fece sapere che l'atteggiamento di "apertura" (seppur tecnica, finalizzata a ottenerne la collaborazione nella lotta al terrorismo) verso gli assassini degli uomini onesti come suo marito era cosa assai difficile da digerire.

Approvata la legge, perché i pentiti potessero beneficiarne era necessario che il loro contributo determinante venisse certificato con sentenza passata in giudicato. Ma i tempi della giustizia, allora come oggi, erano lunghi. Decidemmo perciò di ricorrere a un *escamotage*: stralciando dai capi d'imputazione di Peci un'accusa specifica (la rapina di alcuni ciclostili), lo si mandò a giudizio e lo si condannò per questo fatto, d'accordo con la difesa nel non fare appello. Passò in giudicato, quindi, una sentenza che qualificava Peci come pentito secondo i parametri di legge, affinché egli potesse usufruire dei benefici. Non fu facile trovare un magistrato disposto a presiedere il collegio giudicante. Ci fu, spiace dirlo, un gran fuggi fuggi, non diverso da quello che si era verificato anni prima nel processo ai "capi storici" delle Br. A fronte di un magistrato come Guido Barbaro, sempre al suo posto di presidente della Corte d'Assise, incapace di arretrare rispetto ai suoi doveri, si faticava a trovare il pm d'udienza e alla fine si dovette ricorrere – in mancanza di volontari – alla designazione d'ufficio in base al criterio dell'anzianità (Caccia, che pure l'avrebbe voluto, non poteva per legge ricoprire quel ruolo).

C'è poi una differenza sostanziale tra la guerra al terrorismo e quella alla mafia. Si chiama "dissociazione", istituto di cui – a causa della specificità storico-politica del fenomeno – i terroristi poterono ampiamente usufruire, garantendosi forti sconti di pena. Bastava che un detenuto prendesse carta e penna dichiarando di dissociarsi dalla lotta armata, senza obbligo di collaborare, nemmeno per i fatti di cui fosse ritenuto direttamente responsabile. Per la legge era sufficiente.

L'introduzione dell'istituto della dissociazione fu preceduto da un aspro dibattito tra i terroristi detenuti, da un serrato confronto politico e – soprattutto – da molte perplessità da parte nostra. Se avevamo sollecitato con forza la legge sui pentiti, senza i quali non avremmo mai potuto dare nome e cognome a chi aveva ammazzato e gambizzato, la dissociazione ci sembrava un comodo lasciapassare per non pagare dazio.

L'allora direttore del Dipartimento affari penitenziari Nicolò Amato ebbe però una felice intuizione: creare "aree omogenee" all'interno delle carceri, mettendo insieme detenuti con storie politiche e percorsi personali simili, perché potessero discutere, confrontarsi e formulare una proposta concreta e politicamente motivata di fuoriuscita dalla lotta armata. A Torino si formò una delle più consistenti aree omogenee di Prima linea. Nicolò Amato sapeva che il progetto della dissociazione non si sarebbe mai potuto realizzare con l'ostilità della magistratura. Un giorno organizzò una vera e propria assemblea nel carcere delle Vallette, cui invitò anche noi magistrati. Si decise di partecipare, ma per segnare la nostra diffidenza – e il nostro imbarazzo – evitammo di sederci intorno al tavolo con Amato, e rimanemmo in piedi, appoggiati al muro. Un modo forse un po' goffo per segnare una distanza da quelle decine di persone sedute in file ordinate di fronte a noi; uomini che avevano ucciso e ferito gravemente e che, per anni, avevano individuato nella tua persona uno dei principali obiettivi da eliminare.

Il primo a prendere la parola fu Roberto Rosso, l'ideologo di Prima linea. Parlò ininterrottamente per quaranta minuti (ricordo perfettamente di aver guardato l'orologio), in un politichese-brigatese di una noia mortale. Per fortuna eravamo in piedi e il rischio assopimento era scongiurato, a meno di non crollare a terra. Non appena Rosso si sedette, un militante della Valsusa ("scarpe grosse e cervello fino", per dirla con un proverbio piemontese) si rivolse proprio a me dicendo: «Dottore, adesso ha capito perché abbiamo perso?». Una semplice battuta, che svelenì immediatamente il clima. Un militante di Prima linea che, in pubblica assemblea, di fronte alle "istituzioni", agli odiati magistrati "di guerra", osava prendere in giro il capo, era un segnale potentissimo. Stavano cambiando davvero, ci potevamo fidare. E la dissociazione divenne legge.

È sorprendente che ancora oggi, a trent'anni di distanza, alcuni ex protagonisti di quella stagione di morte lamentino la mancanza di una "soluzione politica" degli anni di piombo. La soluzione politica c'è stata e si chiama dissociazione, di fatto una para-amnistia, se non un'amnistia vera e propria. Lo Stato rinuncia a punire fino in fondo in cambio di una resa incondizionata. Nessun revanchismo, nessun Trattato di Versailles, soltanto una mano tesa – tra polemiche roventi non sempre ingiustificate – per voltare finalmente pagina.

Infine, va detto che la dissociazione è fenomeno tipico ed esclusivo del terrorismo. Per la mafia è semplicemente improponibile, essendovi qui soltanto percorsi e storie di bieca criminalità, senza risvolti di carattere ideologico-politico. In verità, anche i mafiosi – in una certa fase – provarono a proporre forme di dissociazione, ma non riuscirono a convincere nessuno, o quasi, della loro buona fede.

C'è spesso uno scarso senso del pudore da parte degli ex terroristi – e non solo – nel rievocare quegli anni, specialmente quando si tenta di giustificare quella stagione come un fatto generazionale o – peggio – come una fase in cui metodi e momenti sbagliati compromisero giusti obiettivi. È vero, ci sono molti punti di vista attraverso cui raccontare ogni cosa, e spesso ci sono anche più verità. Ma ci sono verità prevalenti che non possono in alcun modo essere taciute. La storia che raccontiamo ha una e una sola verità prevalente: il dolore causato.

Ci sono feriti che a trent'anni di distanza camminano a fatica e ricorrono a periodiche cure mediche, se non all'ennesima operazione chirurgica. Ci sono soprattutto famiglie che ancora oggi pagano il prezzo di lutti insensati. Ci sono figli cresciuti senza genitori – penso, per esempio, alle splendide figure di Sabina Rossa e Benedetta Tobagi – che soltanto in età adulta hanno saputo e potuto elaborare l'enormità di quanto accaduto. E lo hanno fatto, coraggiosamente, sulla loro pelle, lottando con l'oblio e l'imbarazzo di un Paese che per molti anni ha dato l'impressione di voler rimuovere ciò che è stato. Nessuno – per carità – vuole condannare al silenzio persone che in molti casi hanno pagato il conto con la legge. Ma questa ineliminabile verità prevalente impone prudenza e soprattutto onestà intellettuale.

Infine, se secondo la Costituzione la pena deve tendere alla rieducazione dei condannati, non c'è scritto da nessuna parte che i terroristi devono tendere alla rieducazione dei cittadini. La morte non ha soluzioni politiche. È soltanto dolore, nulla più. Ancor di più se si pensa allo scarto patologico e brutale fra proclami e prassi delle Brigate rosse: da una parte roboanti parole su strategie e obiettivi, dall'altra la realtà di azioni criminali sempre più feroci, in un crescendo inarrestabile: con un unico obiettivo, far credere (prima di tutto a se stessi) di essere vivi.

Devo dire che la parabola delle Br conferma ciò che scrivevo fin dal 31 ottobre 1975, nell'ordinanza-sentenza relativa ai capi storici dell'organizzazione: «il dispiegarsi di una nuova criminalità, diffusa e organizzata, trova – nell'attività delle Br – esempi significativi e quasi emblematici. Si può concedere che la violenza delle Br (come pure altre forme di ribellione alla legge) abbia radici inestricabilmente connesse con il modo in cui è venuta sviluppandosi la società italiana. Troppo spesso, però, le "radici" della violenza vengono sublimate a "cause", quando non addirittura a "scriminanti" di essa. In realtà esperienze anche recenti dimostrano che alle distorsioni del sistema italiano è possibile reagire, efficacemente, con sistemi legali. La violenza è la risposta di chi (a dispetto delle sue illusioni) è incapace di analisi veramente approfondite e insofferente per una valutazione realistica dei dati di fatto, e – quindi – soggetto ai condizionamenti di un'impazienza avventuristica. È il caso delle Brigate rosse (...), delle quali un aspetto colpisce: la mescolanza di radicalismo verbale e nullismo pratico per quanto concerne l'obiettivo di fondo dell'associazione: quel tentativo di coinvolgimento delle "masse" nella lotta armata contro lo Stato, rispetto a cui l'attività delle Br – per quanto ormai pluriennale – non sembra aver conseguito risultati di un qualche rilievo, a dispetto dell'impegno profuso e dei proclami fondati – tra l'altro – sul richiamo a luoghi comuni che banalizzano l'intelligenza con "evidenze di comodo", bloccando in realtà ogni filtro critico, con concreto vantaggio degli avversari politici».

Proprio in questa prospettiva, vorrei ancora ricordare il pesante ruolo che il terrorismo ha avuto sulle sorti del sindacato. Ricordiamo le vicende dell'ottobre 1979, quando la Fiat prima sospende e poi licenzia 61 operai, accusati di attività eversive e violenze nei reparti. I licenziati vengono riammessi in fabbrica dalla Pretura del lavoro, ma subito dopo partono nuove lettere di licenziamento, con addebiti molto più dettagliati. La posta in gioco non è tanto – o non solo – la violenza terroristica. L'ottobre 1979 segna la premessa di quel che accadrà un anno dopo: cassa integrazione a zero ore per 24 mila operai, 35 giorni di blocco dei cancelli, la marcia dei 40 mila dell'ottobre 1980. Il risultato finale sarà un consistente arretramento del mondo sindacale.

Ed è paradossale che i brigatisti di ieri osino mostrare oggi un'arroganza senza limiti, quando sostengono di aver sbagliato i tempi e forse qualche modalità d'azione, ma perseguendo obiettivi giusti. Scrive Mario Moretti: «Noi non abbiamo distrutto movimenti che senza di noi sarebbero stati vincenti (...), quei movimenti sono stati soffocati dalla sinergia fra ristrutturazione capitalistica e cooptazione nello Stato della rappresentanza proletaria storica». Questa è una perdita di memoria che sconfina nell'amnesia, o meglio, in una strumentale quanto falsa ricostruzione dei fatti, volta ad autoassolversi dalle gravi responsabilità di scelte criminali che hanno macabramente usurpato istanze di lotta operaria.

Un'usurpazione che ha riguardato irrimediabilmente anche l'antifascismo e la Resistenza, valori di cui il terrorismo rosso arbitrariamente ha tentato di impadronirsi, aprendo la strada al revisionismo oggi dilagante.

8.
Visti da vicino. Palermo

Pentiti. Determinanti per la vittoria contro il terrorismo, irrinunciabili nella lotta alla mafia. Brigate rosse e Cosa nostra sono organizzazioni criminali totalmente diverse, ma pongono, sul piano del contrasto investigativo-giudiziario, problemi molto simili. Primo fra tutti, la necessità di rompere la cortina di segreto che ontologicamente le avvolge. E i segreti, tutti i segreti, si possono conoscere soltanto ascoltandoli in presa diretta – con intercettazioni telefoniche o ambientali – oppure se qualcuno, il "pentito" appunto, li racconta (senza dimenticare che, senza i pentiti, non si saprebbe neppure dove piazzare le "cimici" per captare conversazioni riservate).

È però facile immaginare che i problemi posti dai mafiosi pentiti sono ben diversi. La società mafiosa declina la vita secondo orizzonti di significato estranei al nostro linguaggio. I concetti di vita, morte, rispetto, onore, onestà e così via non hanno nulla a che vedere con i nostri riferimenti. Un discorso che – in parte – poteva valere anche per il terrorismo rosso, ma si trattava di persone annebbiate da un'ideologia totalizzante.

La mafia non è ideologia, è qualcosa di diverso, di profondo, un virus a diffusione aerea che contamina ben oltre i confini dell'organizzazione. Per questo gli anticorpi sono più difficili da mettere in campo. Le barriere da superare – lo ripeto ancora una volta – sono più agguerrite e numerose.

Il mafioso pentito è spesso una figura stigmatizzata negativamente. Intendiamoci, non certo perché "parla". Ragionando così, applicheremmo anche noi il codice dell'omertà. Insomma, ragioneremmo come i boss mafiosi vorrebbero si ragionasse. Sono stigmatizzati in quanto mafiosi. È vero, ma proprio per questo sono preziosi: se non fossero stati mafiosi, non avrebbero informazioni utili da darci, non conoscerebbero segreti a cui gli onesti non riescono ad arrivare.

Ciò posto, il giusto atteggiamento del magistrato nei confronti dei "pentiti" non può che essere di cautela tecnica, di diffidenza, finché i riscontri non confermino la genuinità della collaborazione. Mai sposare a priori le dichiarazioni di un collaboratore. I "pentiti" sono certamente un rimedio da maneggiare con cura, ma sono un rimedio in grado di aggredire efficacemente e direttamente la malattia.

E quando si tratta di pentiti di mafia, va sempre tenuto presente che parlare contro la mafia significa letteralmente, senza retorica, condannarsi a morte.

Il primo a subire questa condanna fu Leonardo Vitale, un mafioso che aveva deciso – nel 1973 – di rivelare tutto ciò che sapeva. Nessuno gli credette. Era l'epoca in cui fior di cardinali, procuratori generali e notabili di ogni specie negavano l'esistenza stessa della mafia. Raccontare una cosa inesistente è da pazzi. E difatti Vitale lo rinchiusero in un manicomio criminale. Aveva detto la verità (lo scoprirà anni dopo Falcone), ma le sue accuse non ebbero alcuno sviluppo. Nonostante questo, la mafia lo uccise non appena uscì dal manicomio, nel 1984, dopo dieci anni di ricovero. Aveva parlato; Cosa nostra non può permetterlo, mai. E Cosa nostra sapeva che il racconto di Vitale era pericoloso in quanto vero.

All'assassinio di Leonardo Vitale ne seguirono moltissimi altri, diretti o trasversali, con l'obiettivo di mantenere l'omertà e bloccare le collaborazioni, senza sconti di ferocia. Come diceva Falcone, ci si pente soltanto se lo Stato dimostra di voler fare sul serio la lotta alla mafia. Altrimenti non si affida la vita a qualcuno in cui non si ha fiducia. E se dopo le stragi ci furono tanti pentiti, significa che la lotta alla mafia era stata condotta in modo serio. Decisiva fu anche la legge approvata dopo le stragi del 1992. L'incentivo a pentirsi era forte: sconti di pena, regime carcerario differenziato in base al 41 bis (il carcere duro, ciò che il mafioso teme di più in assoluto). Il pentimento del mafioso, dunque, è quasi sempre un pentimento strumentale, ma un ruolo fondamentale gioca anche la constatazione che lo Stato, in quel momento, è il più forte.

Eppure, dopo un biennio, la situazione cambiò radicalmente, per l'effetto combinato di vari fattori. Un certo disgusto per i pentiti, pubblicamente ostentato anche in ambienti politici e culturali di rilievo; campagne di denigrazione contro le forze di polizia, falsamente accusate di non saper fare indagini senza l'imbeccata di un collaboratore; la fandonia del denaro versato ai pentiti come premio a collaborare, quasi vi fosse un listino prezzi del pentimento. Più che uno strumento d'indagine, aggredite sono le indagini stesse e i loro risultati (e l'orribile affare Di Maggio, di cui parleremo, per qualcuno finì forse per essere, in pratica, come il cacio sui maccheroni). Scagliarsi a testa bassa contro i collaboratori per screditarli è una posizione illogica e suicida. Se c'è qualcuno "autorizzato" a screditare i pentiti, questa è solo Cosa nostra, visti i gravissimi danni che le sono derivati proprio dalle collaborazioni.

Alla fine, tutto ciò contribuì irrimediabilmente a interrompere quella che era stata un'autentica corsa a fornire agli inquirenti elementi di conoscenza sempre più precisi e aggiornati. Polemiche ed errori frenarono lo slancio dei pentimenti. Per contro, i ritardi e le incertezze sul futuro della legislazione premiale causarono smarrimento tra quanti in quel momento riflettevano sulla opportunità (o convenienza) di iniziare una collaborazione con la giustizia. E spesso desistevano. Perché qualsiasi mafioso che voglia lasciarsi alle spalle una carriera criminale e affidarsi allo Stato ha bisogno di avere ben chiaro il futuro che lo attende.

La perdurante incertezza danneggiò la credibilità dello Stato e, di fatto, agevolò la riorganizzazione della mafia, che fu capace di rimarginare le ferite e di riassorbire la crisi interna che, negli anni successivi alle stragi, aveva trasformato la collaborazione con la giustizia in un fenomeno di vera e propria "diserzione di massa".

Bisogna anche tener conto che sui pentiti Cosa nostra sembrò, nel frattempo, cambiare strategia. Da padre vendicativo, si trasformò, con opportunistica virata, in madre comprensiva. Dalle rappresaglie criminali contro le famiglie degli "infami", verificato che il numero dei pentiti si andava comunque allargando, ecco che le famiglie vennero blandite, sostenute, come a dimostrare vicinanza. All'immobilismo dello Stato, che tardava a riformare la legge sui pentiti, sembrava corrispondere una mobilità criminale decisamente più produttiva.

Alla fine, nel febbraio 2001, fu varata la nuova legge sui collaboratori di giustizia. Con luci e ombre. Tuttavia è innegabile che alcune disposizioni contribuirono a frenare le collaborazioni. Al di là del contenuto tecnico di tale norma, l'intervento riformatore venne letto come segnale di arretramento, sia dagli aspiranti collaboratori, sia dalle stesse organizzazioni mafiose e dai soggetti a esse contigui. Con i conseguenti, intuitivi, effetti disincentivanti sulla collaborazione, mancando la quale – in ultima analisi – Cosa nostra risultò più impermeabile e coesa al suo interno. Insomma, più forte.

Di mafiosi – pentiti e non – ne ho visti molti "da vicino", ovviamente. Meno, per la verità, che terroristi. Per il fatto che a Palermo non ero più un giudice istruttore incaricato dal suo capo di indagare, ma un capo chiamato a coordinare l'attività dei "suoi" magistrati, tutti quelli della procura, non solo dell'antimafia, ma anche i tantissimi altri che si occupavano delle più diverse forme di illegalità. In altre parole, il mio lavoro non era più interrogare, ma dirigere, e agli atti istruttori partecipai solo in casi particolari, quando i colleghi me ne segnalavano l'importanza e quasi sempre insieme a loro.

Ho conosciuto innanzitutto i pentiti "storici", da Tommaso Buscetta a Francesco Marino Mannoia, quelli che avevano rivelato a Falcone segreti prima mai violati, a partire dalla stessa denominazione (Cosa nostra) dell'organizzazione, fino ad allora ignota. Di mafia e politica, con Falcone, non avevano parlato. «Prenderebbero per pazzi lei e noi» dicevano. «Ci farebbero a pezzi. Lo Stato non è pronto per questo livello, che pure rappresenta il nodo cruciale del potere mafioso». Invece, dopo le stragi, sembravano quasi moralmente obbligati a saltare quel fosso dal quale si erano tenuti ben lontani. E parlarono anche di «relazioni esterne», di complicità e collusioni. È come se avessero sentito di avere un debito verso Falcone e Borsellino, un debito da onorare dopo il loro sacrificio. Si spiega così, ad esempio, perché Buscetta parlò soltanto allora di Andreotti, mentre già nel 1985 aveva lasciato chiaramente intendere al pm statunitense Richard Martin (che testimonierà sotto giuramento nel processo di Palermo a carico del senatore) di essere in possesso di informazioni relative ad Andreotti.

Buscetta era un grande personaggio, fatto di colore ma soprattutto di sostanza. Chiunque lo abbia conosciuto non può che averne ricordi impressi in maniera indelebile. Marino Mannoia (a dispetto del suo nomignolo, "mozzarella") era un uomo precisissimo, che durante gli interrogatori misurava anche i respiri. Pignolo, tendeva a raccontare solo l'essenziale. Stava ai fatti e basta. Anche quando riferì due incontri di Andreotti con uomini del gotha mafioso (Stefano Bontade e altri), di uno dei quali fu testimone oculare diretto, la sua credibilità era totale.

Senza i pentiti non sarebbe stato possibile il Maxiprocesso del *pool*. Allo stesso modo, non avremmo arrestato e condannato i maggiori esponenti della cupola, latitanti per decenni, responsabili di centinaia di omicidi. E soprattutto non si sarebbero mai processati e condannati gli autori materiali della strage di Capaci. Furono tutti condannati a Caltanissetta, competente per le indagini sulle stragi, ma li arrestarono la polizia e i carabinieri di Palermo, nell'ambito di indagini riguardanti omicidi e altri reati di competenza della procura di Palermo. Una serie infinita di arresti. Ricordo le mie agende, su cui – anno per anno – erano annotati i nomi dei più importanti latitanti. Era spesso il collega

Alfonso Sabella (un vero "cacciatore di mafiosi") a comunicarmi – di volta in volta – che potevo cancellare con un tratto di penna questo o quel nome.

Fondamentale, all'inizio, fu il contributo di Baldassare (Balduccio) Di Maggio. Sì, proprio quello del "bacio". Nessuno parla della marea di ergastoli e dell'infinità di anni di reclusione che le accuse di Di Maggio – precise e riscontrate – consentirono di infliggere a mafiosi di ogni livello, compresi tutti i più importanti esponenti di Cosa nostra, a partire dall'intero gotha degli stragisti corleonesi, per delitti d'ogni tipo, dall'associazione criminale a decine di omicidi (procedimento N. 171/93 N.C.-D.D.A., imputati Agrigento + 60); come ci si scorda completamente dell'arresto di Riina, per il quale Di Maggio fu decisivo.

Di Maggio viene esclusivamente identificato con la storia del "bacio" di Riina ad Andreotti, che scatenò una campagna mediatica abilmente orchestrata. Il ritornello era fin troppo facile: immaginare anche solo per un minuto che uno statista di tal levatura andasse in giro per la Sicilia a ricevere effusioni da capi mafia era un'idea inconcepibile e ridicola, degna di magistrati a caccia di favole e fama. Tuttavia, non è mai stato dimostrato che Di Maggio abbia detto il falso, nessuno lo ha mai né denunciato né imputato per calunnia. Il fatto, semplicemente, non è stato sufficientemente riscontrato ed è perciò risultato processualmente inutilizzabile. E chissà che non avesse colto nel segno il comico siciliano Ciccio Ingrassia, che più o meno disse: «Io non so se l'incontro fra Andreotti e Riina c'è stato; ma da siciliano vi dico che se si sono incontrati si sono baciati». In ogni caso, a sgretolare la sua credibilità, ci pensò Di Maggio stesso tornando a delinquere e fu la stessa procura di Palermo ad accertarlo, revocandogli di conseguenza tutti i benefici concessi e facendolo condannare a pene pesantissime.

Ai tempi del terrorismo, i pentiti li avevamo usati anche in modo "dinamico", vale a dire che non ci si limitava a interrogarli, ma li si portava in giro – con il loro consenso e con adeguata protezione – perché potessero individuare latitanti di passaggio, ad esempio, nelle stazioni o negli aeroporti. Qualcosa di simile provammo con Di Maggio, subito dopo l'arresto di Riina, chiedendo al Ros che lo custodiva di fare in modo che potesse – con tutte le cautele e i controlli del caso – continuare a gestire alcuni suoi contatti telefonici con San Giuseppe Jato. Il nostro obiettivo era di arrestare latitanti, a partire da Giovanni Brusca. Nulla, ma proprio nulla a che vedere con i fatti perversi che – anni dopo – portarono Di Maggio a delinquere ancora.

Importante, quanto quella iniziale di Di Maggio, la collaborazione di Santino Di Matteo, arrestato a Palermo nel giugno 1993. La polizia era riuscita a mettere una microspia in un appartamento di Palermo, in via Ughetti, e aveva registrato conversazioni tra Di Matteo e altri mafiosi di Altofonte, in cui si parlava dell'*attentatuni*, cioè della strage di Capaci. Subito dopo il suo arresto si diffuse, non so come, la voce che volesse parlare con il procuratore di Palermo e subito mi recai da lui. Un buco nell'acqua. Non aprì bocca, anzi, nemmeno mi guardò in faccia. Passate poche settimane, di nuovo pareva che volesse incontrarmi. Questa volta Di Matteo parlò, ma solo per denunciare presunti maltrattamenti ricevuti in carcere. Disposi immediatamente gli accertamenti medici del caso. Negativi. Il colloquio si concluse così, con un nulla di fatto. Forse voleva studiarmi, osservare la mia reazione di fronte a una sua accusa contro pubblici ufficiali. Qualunque fosse la sua intenzione, pensai immediatamente che una terza volta ci avrei pensato sopra a lungo. D'altronde poteva anche essere un modo per studiare i miei movimenti a scopi non certo benevoli.

Ma poi la volta buona arrivò. Capitò durante la prima vacanza che mia moglie e io riuscimmo a concederci dopo il mio insediamento a Palermo. Appena entrati nell'albergo di Venezia prenotato per tre notti, ecco una telefonata da Roma. Interrotta (per la gioia di mia moglie) la vacanza veneziana, volai a Roma. Qui lasciai Laura e raggiunsi la sede della Dia.

Di fronte, per la terza volta, Santino Di Matteo. Capii immediatamente che avrebbe parlato, mi aspettavo dichiarazioni sui reati (omicidi e altro) per cui era stato arrestato. Mi sedetti di fronte a lui, e la prima parola che ascoltai fu «Capaci». Di Matteo, il 23 maggio del 1992, era sulla collina di fianco a quel tratto di autostrada Palermo-Punta Raisi. C'era, con i suoi complici.

Cominciò un lungo interrogatorio in piena notte, per quattro ore (dalle ore 01.45 alle 6 del 23 ottobre 1993), verbalizzai ogni parola di Di Matteo. La ricostruzione della strage fu precisa in ogni dettaglio. Un solo particolare mi lasciò perplesso: il racconto di 500 chili di tritolo trasportati sotto l'autostrada con uno *skate-board.* Mi sembrava inverosimile che – per un delitto di simile enormità – si fosse utilizzato un giocattolo. Intanto avvertii i colleghi di Caltanissetta, con i quali fissai un appuntamento nella mattinata. Ritornai da mia moglie, con il verbale in mano. Dormii forse un'ora e uscii di nuovo. Riferii ai colleghi di Caltanissetta ogni cosa, comprese le mie perplessità sullo *skate.* Perplessità immotivate: in base alle simulazioni da loro effettuate – mi confidarono i colleghi –, l'unico modo per trasportare l'esplosivo sotto la carreggiata dell'A29 non poteva essere che un asse con delle ruote. Uno *skate*, appunto.

Santino Di Matteo pagò carissime queste rivelazioni. Il 23 novembre 1993 Cosa nostra rapì il figlio Giuseppe, di appena 13 anni. Rimase prigioniero per ben 779 giorni, maltrattato e torturato, prima di essere strangolato e sciolto nell'acido dagli uomini di Giovanni Brusca. Un'azione tanto bestiale – contro un bimbo "colpevole" soltanto di essere figlio di suo padre, il pentito che aveva osato parlare di Capaci – da equiparare gli "uomini d'onore" ai più spietati nazisti.

Di Capaci mi parlò pure, subito dopo Di Matteo, un altro mafioso di Altofonte, Gioacchino La Barbera, anche lui ferocemente punito da Cosa nostra, che gli "suicidò" l'anziano padre.

Ho visto "da vicino" anche l'uomo che azionò materialmente il pulsante dell'esplosivo di Capaci, Giovanni Brusca. La polizia, su ordine della procura di Palermo, lo intercettò e lo arrestò il 20 maggio 1996, a conclusione di ricerche lunghe e davvero difficili. Alla fase finale di coordinamento delle indagini partecipai anch'io, prendendo parte a una riunione, molto concitata, in questura. La polizia lo localizzò intercettando le sue telefonate, ma in un'area ancora troppo estesa. Il margine di errore era di oltre un chilometro e bisognava restringerlo. Poiché le intercettazioni captano non solo le conversazioni ma anche i suoni forti provenienti dall'esterno, la squadra catturandi della questura ebbe una pensata geniale: far circolare nelle vicinanze una motocicletta con la marmitta scassata. Il frastuono della moto, percepito ascoltando le telefonate di Brusca, consentì di individuare esattamente il suo nascondiglio e di catturarlo.

Giovanni Brusca, uno dei personaggi più perversamente complessi che mi sia trovato di fronte. Disse di voler collaborare, ma quasi subito si svelò il suo doppio gioco. Era chiaro che volesse screditare i veri pentiti, coinvolgere Luciano Violante in affari torbidi, compromettere tutta una serie di inchieste, compresa quella sul senatore Andreotti. Non fu facile smontare il gioco delle tre carte di Brusca. Ci riuscimmo lavorando sodo insieme con la procura di Caltanissetta e la procura di Firenze, allora diretta da Piero Vigna, competente per le stragi del 1993. Brusca lo incriminammo anche per calunnia. Ma qualcuno, come al solito, pensò che a giocare sporco – e chi se no? – fossero i pm. Alcuni "opinionisti", Lino Jannuzzi in testa, si inventarono che l'imputazione di calunnia fosse in qualche modo legata all'inchiesta Andreotti, ignorando che la calunnia riguardava invece una falsa accusa di omicidio lanciata contro il fratello Enzo per coprire Vito Vitale, killer ancora in libertà.

Ho visto "da vicino" anche Gaetano Badalamenti, capomafia di Cinisi, detenuto negli Stati Uniti perché condannato a 45 anni di carcere per narcotraffico (la celebre vicenda "Pizza Connection"). Volai negli Usa due volte per interrogarlo, insieme alla collega Franca Imbergamo, titolare dell'inchiesta sull'omicidio di Peppino Impastato, ripetutamente aperta e chiusa e – finalmente – portata da noi a termine con il rinvio a giudizio e la condanna all'ergastolo (11 aprile 2002) di Badalamenti. Ci trovammo di fronte un uomo che ammetteva a malapena di essere nato e che avrebbe negato – potendo – il sorgere e il tramontare del sole. Sembrò scuotersi un poco (impercettibilmente) soltanto quando una mia domanda gli ricordò che Peppino Impastato, con la sua radio, lo dileggiava chiamandolo "Tano seduto", offesa intollerabile per un boss del suo calibro. Un mafioso doc, nel senso più deteriore del termine. E che così voleva apparire.

Eppure si è detto e scritto (poteva mancare Lino Jannuzzi?) che noi avremmo fatto di tutto perché non rendesse dichiarazioni, temendo che potesse favorire Andreotti (del quale, oltretutto, era coimputato a Perugia per l'omicidio Pecorelli). Menzogne. Pensare che "don Tano" potesse rivelare cose che noi avevamo paura di sentire, è un ragionamento da marziani in terra. Non saprei come definirlo altrimenti. Menzogne che s'innestarono su una tragica vicenda, il suicidio del maresciallo del Ros Antonino Lombardo, che con Badalamenti aveva avuto alcuni contatti. L'Arma gli aveva improvvisamente revocato l'incarico: poco prima, nel corso di una trasmissione televisiva, era stato sospettato, con modi e toni discutibili, di possibili rapporti con ambienti mafiosi. Qualche giorno dopo Lombardo – nel marzo 1995 – si uccise nel cortile di una caserma, per motivi mai ben chiariti.

Di Lombardo mi parlò poi, due anni e mezzo dopo, un pentito di rilievo, Angelo Siino, noto come il "ministro delle finanze di Cosa nostra", in quanto protagonista dell'assalto mafioso ai grandi appalti pubblici dell'isola. Siino sosteneva di aver confidato al maggiore del Ros Giuseppe De Donno, pochissimi giorni prima del suicidio del maresciallo Lombardo, che questi nel 1991 gli avesse offerto "in anteprima" un rapporto d'indagine ancora segreto su mafia e appalti. De Donno confermò, ma il nome fattogli da Siino non sarebbe stato quello di Lombardo. Poi De Donno decise di denunciare alla procura di Caltanissetta alcuni magistrati di Palermo proprio per quella vicenda di mafia e appalti, e la denuncia finì subito – misteriosamente – sulle pagine di *Repubblica*, scatenando l'ennesimo "caso Palermo".

A ripensarci, provo ancora molta inquietudine, perché neppure oggi riesco a capire bene cosa sia successo.

Totuccio Contorno (il boss chiamato in causa dal "corvo" che negli anni Ottanta spandeva veleno su Giovanni Falcone a colpi di lettere anonime), Gaspare Mutolo, Pino Marchese, Giovan Battista Ferrante, Calogero Ganci, Francesco Paolo Anzelmo. Sono tutti pentiti (ma l'elenco potrebbe allungarsi) di cui ho un ricordo importante per il loro contributo positivo alle indagini. Di uno di loro mi colpì la semplicità (mista a orgoglio) con cui fece notare al collega che con me assisteva all'interrogatorio come i rispettivi figli frequentassero la stessa scuola di Palermo.

Una menzione a parte meritano Salvatore Cangemi, pentito sì, ma *sui generis*, spesso sfuggente al punto di riconoscere le sue responsabilità soltanto a rate (e con abbondanti dilazioni nel tempo), e Gioacchino Pennino, troppo frettolosamente definito "il Buscetta" dei rapporti fra mafia e politica, poiché dava l'impressione di sapere molto, molto di più di quel che centellinava.

Un pentito che purtroppo non ho fatto in tempo a veder da vicino, infine, è Luigi Ilardo. Era un confidente del colonnello Michele Riccio, incontrato in una sede del Ros di Roma insieme al generale Mori, a una collega pm di Palermo e al procuratore di Caltanissetta, Giovanni Tinebra. L'incontro preludeva a una possibile collaborazione di Ilardo, che si sperava potesse portare alla cattura di Provenzano. Ma, pochi giorni dopo, Ilardo venne ucciso a Catania.

Da vicino, per pochi minuti, ho visto Leoluca Bagarella, che incontrai subito dopo il suo arresto per verificarne le intenzioni. Sprezzante, mi disse qualcosa del tipo: «Lei faccia il procuratore, che io faccio il carcerato». Ovviamente fu subito accontentato. Un atteggiamento, il suo, non molto diverso da quello di Totò Riina: arrivata chissà da dove la voce che avrebbe potuto dire qualcosa, Vigna e io fissammo un interrogatorio a Firenze.

I nostri fogli restarono desolatamente bianchi.

Lasciai Palermo nel luglio del 1999, a guerra in corso. Tra i ricordi che mi porto dentro, oltre a quelli legati al mio lavoro, il generoso invito di Rita Levi Montalcini a festeggiare il suo novantesimo compleanno incontrando con lei – in allegria – i ragazzi di una scuola media di Palermo. E poi, soprattutto, le incessanti manifestazioni di sincero affetto e appassionata solidarietà dei familiari di molte vittime di mafia.

Uomini e donne che vivono un continuo dolore dell'anima, che non lascia respiro. Che molto spesso hanno saputo trasformare questo dolore da fatto privato in testimonianza pubblica, dignitosa e forte. Così da costituire, per tutti, monito a non dimenticare e punto di riferimento nell'impegno.

9.
Le parole sono pietre. Due senatori a vita

Che i magistrati non debbano inseguire il consenso, meno che mai gli applausi, è sacrosanto. Ma se fanno il loro dovere, magari in condizioni di estrema difficoltà e rischio, il consenso è meglio delle palate di fango. Intendiamoci, le critiche sono benvenute, aiutano a sbagliare di meno; le aggressioni – invece – tutt'altro. Dire che i magistrati sono una metastasi, un cancro da estirpare, sostenere che sono pazzi, antropologicamente diversi dal resto della razza umana e via offendendo, non è certo criticare. In attacchi di questo tipo si sono spesso esibiti il presidente Silvio Berlusconi e i suoi epigoni, con strategie, per così dire, a geometria variabile, nel senso che l'attacco può subirlo qualunque magistrato – pubblico ministero o giudice, quale che sia la città o l'ufficio in cui opera – ogni volta che abbia la "sfortuna" (è la parola giusta) di imbattersi in vicende delicate.

Nel mirino sono spesso finito anch'io, solo o in compagnia di altri colleghi del mio ufficio, e ciò mi ha indotto a rivolgere al presidente Berlusconi (con una lettera pubblicata nel settembre 2003 da vari quotidiani) alcuni interrogativi ineludibili:

«È giusto gettare pregiudizialmente fango su un magistrato solo perché indaga o eventualmente condanna – per fatti specifici – un personaggio pubblico? E, viceversa, è giusto

applaudire, sempre a priori, il magistrato che assolve quell'imputato? Quando si tratta di personaggi di peso (imputati – ripeto – per fatti specifici e non certo per il loro "status") giustizia giusta è, per definizione, solo quella che assolve? Ragionando in questo modo, non si sovvertono le regole fondamentali della giustizia? Non si incide sulla serenità di giudizio? Dove sta la linea di confine fra attacco e intimidazione?».

Ho concluso la lettera osservando che «entrare in simili ragionamenti (anche solo per difendersi da vuote accuse) costa molta fatica, ma tacere sarebbe profondamente ingiusto: per me personalmente e per qualunque altro magistrato, posto che l'investitura popolare non dà a nessuno – neppure a Lei – il diritto di offendere». Non c'è stata nessuna risposta alla lettera. D'altronde non me l'aspettavo affatto.

Col mondo politico ho avuto, per altro, anche rapporti di tipo ben diverso, senza distinzioni di casacca: dalla sinistra (ad esempio quando in Senato fu organizzata, dall'ex collega Raffaele Bertoni e moltissimi altri, una manifestazione di sostegno alla procura di Palermo con la mia partecipazione), alla destra (quando a Palermo Gianfranco Fini e tutto lo staff di Alleanza nazionale organizzarono un importante convegno pubblico sulla mafia, al quale venni invitato come principale relatore), passando per tutte le organizzazioni sindacali, sempre fortemente solidali. A livello istituzionale, poi, ho avuto ottimi rapporti con un'infinità di ministri, della Giustizia o degli Interni, di tutti i colori possibili, sia ai tempi di Torino, sia di Palermo. Nicola Mancino, Roberto Maroni e Giorgio Napolitano, ad esempio, sono i ministri dell'Interno di cui più intensamente – per vari profili – ho constatato l'appoggio, all'inizio e nel successivo periodo della mia esperienza palermitana.

Qui però vorrei parlare non tanto di rapporti – buoni o cattivi – con questo o con quello, quanto piuttosto dei segnali di vero e proprio disprezzo, se non di odio, che ho purtroppo dovuto constatare in alcuni casi. Mi riferisco innanzitutto al momento più difficile dei miei sette anni a Palermo, che paradossalmente non ha nulla a che vedere (direttamente) con la mafia.

Accadde in Sardegna, l'11 agosto del 1998. La procura di Cagliari indagava sul sequestro di Silvia Melis, rapita il 19 febbraio 1997 e liberata soltanto undici mesi dopo. I colleghi della procura di Cagliari acquisirono importanti elementi che consentirono di ipotizzare violazioni di legge da parte di un magistrato, Luigi Lombardini, capo della cosiddetta "procurina" (la procura della Repubblica presso la pretura, poi abolita). Per legge il fascicolo doveva passare ad altro distretto, che sempre per legge era Palermo. Assegnai il caso a un mio procuratore aggiunto, che ci lavorò insieme a tre sostituti. L'indagine evidenziava elementi ampiamente sufficienti per formulare, a carico di Lombardini, precise accuse di estorsione, tentata estorsione e falso, con riferimento a quanto accaduto in occasione di un incontro notturno preteso da Lombardini col padre della ragazza sequestrata, pendente ancora il sequestro, di notte, in una località isolata.

Sia chiaro: Lombardini non chiedeva soldi per sé. Il suo era un ruolo di "mediazione" per tentare di risolvere il sequestro, ma era un ruolo chiaramente *contra legem*, che non poteva e non doveva ricoprire. Oggetto delle accuse, difatti, era anche una lettera in cui si affermava falsamente che le trattative avvenivano con il consenso dei magistrati della procura distrettuale di Cagliari (titolari delle indagini sul sequestro), lettera che Lombardini impose a Melis padre di scrivere e di consegnare a un avvocato. Occorrendo interrogare Lombardini (oltre a compiere contestualmente vari altri atti istruttori), partii per Cagliari coi miei colleghi. Lombardini era come me a capo di un ufficio giudiziario, ed è prassi che l'interrogatorio, in casi come questo, sia condotto dal "pari grado". L'interrogatorio, nel corso del quale vennero contestati a uno a uno gli elementi di prova, obiettivamente consistenti, fu integralmente registrato. Il nastro testimonia che si trattò di quanto di più normale e disteso si possa immaginare. Alla fine si può ascoltare il difensore di Lombardini che addirittura ci ringraziò.

Pregai il difensore di rimanere e mi riunii con i colleghi di Palermo. Decidemmo che fosse necessario chiedere a

Lombardini di esibire alcuni documenti, in caso contrario avremmo dovuto perquisire il suo studio. Lo comunicai personalmente a Lombardini (col quale in passato avevo sempre avuto buoni rapporti), che chiese di essere assistito dal suo avvocato, che però non c'era più. Attendemmo l'arrivo del figlio, anch'egli avvocato, prima di procedere. Non partecipai all'accesso, ma dopo pochi minuti appresi che Lombardini, giunto a pochi metri dal suo studio, con uno scatto si era allontanato da chi lo accompagnava, si era chiuso in ufficio e si era ucciso. La perquisizione consentì poi di acquisire materiale utile, ma non è questo ovviamente il punto. La tragedia fu dolorosissima, per tutti. Quel che non potevo assolutamente prevedere fu che pochi istanti dopo, quando ancora nessuno era in grado di sapere come davvero fossero andate le cose (ci saranno poi inchieste d'ogni tipo, e tutte si concluderanno senza rilevare il benché minimo addebito), si scatenò una scomposta e violenta cagnara contro di me e la procura di Palermo. E fu qui che mi accorsi dell'odio e del pregiudizio di tanti personaggi.

Porto ad esempio una conversazione, registrata, svoltasi all'indomani del suicidio di Lombardini fra Paolo Liguori (allora direttore del telegiornale Mediaset *Studio Aperto*) e l'imprenditore Nicola Grauso, anch'egli indagato nel procedimento di Palermo riguardante Lombardini. Liguori era in barca. Con spregiudicato disprezzo per ogni regola di correttezza e decenza, i due amici parlavano (sul cadavere ancora caldo di Lombardini!) della «fortuna» che era loro capitata, della possibilità di «puntare sull'isolamento di Caselli», di un «colpo inaspettato, molto duro», di «un'occasione irripetibile per "fotterli"» (Caselli e i suoi colleghi), «che la storia non ne offrirà altre così». Architettarono una callida campagna contro di me, assegnando ruoli e compiti precisi a vari soggetti dell'arco politico-istituzionale: «aprire molto il ventaglio delle polemiche (...), facciamo intervenire Previti perché tutti quelli di Forza Italia stiano zitti per tre giorni (...), per Forza Italia parli solo Pera, che tiene buoni rapporti con tutti (...), allargare molto nei telegiornali le dichiarazioni ai Boato, ai Pintus».

La tragica morte di Luigi Lombardini, per questi signori era un'occasione fortunata, da sfruttare con cinismo. Un cinismo, francamente, da brivido. Se l'interrogatorio di Lombardini non fosse stato integralmente registrato, dimostrando la nostra assoluta correttezza, chissà cos'altro avrebbe saputo ancora escogitare l'odio dei tanti Liguori che, a turno, si agitano sulla scena recitando i loro copioni.

Ricordando Patrizio Peci, abbiamo visto come egli avesse anche parlato di un "piellino" aspirante brigatista, poi identificato in Roberto Sandalo, e come costui avesse rivelato che fra i capi di Prima linea vi era un tal "comandante Alberto", al secolo Marco Donat-Cattin, figlio del senatore Carlo, vicepresidente della Democrazia cristiana. Nei suoi interrogatori (alla costante presenza del difensore d'ufficio che gli avevamo nominato, l'avvocato Gian Vittorio Gabri, allora presidente dell'Ordine di Torino), Sandalo rese poi alcune dichiarazioni che dovevano essere inviate al presidente della Camera dei deputati per certi profili riguardanti il presidente del Consiglio Francesco Cossiga.

Il racconto di Sandalo inizialmente ci lasciò perplessi: il senatore Donat-Cattin aveva convocato Sandalo nella sua casa torinese, la mattina del 25 aprile, per aver notizie del figlio. E lo aveva ricevuto, in compagnia della moglie, in vestaglia. Donat-Cattin aveva indicato a Sandalo un segretario – tal "Fantasia" – a cui fare riferimento. A quel nome, Fantasia, mi si chiuse lo stomaco, perché temevo che "Roby il pazzo" stesse proprio lavorando di fantasia, prendendosi gioco di noi. E invece no, il segretario Fantasia esisteva davvero, così come vera era la visita a casa Donat-Cattin: il vicepresidente della Dc aveva mostrato di avere molta fiducia in Sandalo (non sapendo chi in realtà aveva di fronte). Gli aveva raccontato di sapere che Peci aveva parlato di suo figlio, gli aveva confidato di aver avuto un incontro con Cossiga il giorno prima e lo aveva pregato di rintracciare Marco.

Il 28 aprile 1980 i coniugi Donat-Cattin cenarono nell'abitazione dei Sandalo, quindi "Roby il pazzo" accompagnò a casa la signora e al rientro si accorse che la polizia lo stava aspettando. Sandalo andò a dormire altrove e la polizia perquisì l'abitazione dei genitori, che subito dopo (alle tre di notte) si recarono dai Donat-Cattin per riferire l'accaduto. La mattina dopo, il 29 aprile, Sandalo venne arrestato. Si accerterà poi che la madre telefonò, informandola dell'arresto, alla signora Donat-Cattin, la quale avvertì il marito già in viaggio per Roma. Qui il senatore ebbe un secondo incontro con il presidente Cossiga.

Di sicuro – ascoltando il racconto di Sandalo – avvertimmo nubi cupe all'orizzonte e scarsi vantaggi per le indagini. Oltrepassare certi limiti – pur facendo esclusivamente il proprio dovere – è rischioso non soltanto se si indaga sul mondo delle "relazioni esterne" mafiose. Il cordone sanitario del potere scatta inesorabile ogni volta che ci si inoltra lungo sentieri "scomodi". Il potere, in genere, accetta a fatica di essere chiamato in causa.

Che cosa esattamente si dissero Cossiga e Donat-Cattin nei due incontri non si è mai potuto appurare con precisione, perché i due ne fornirono versioni ambigue e contrastanti. Certo è che la prima volta parlarono di Marco e che subito dopo il senatore si attivò per rintracciarlo. Anche del secondo colloquio diedero versioni diverse, ma certamente si parlò dell'arresto di Sandalo. Il fatto è che non toccò a noi magistrati approfondire questi profili. Noi (sentendo Sandalo e gli altri testimoni torinesi della vicenda, tra cui i coniugi Donat-Cattin) acquisimmo elementi sufficienti per ritenere – con diverse implicazioni, a seconda delle versioni – che nel corso del primo incontro il senatore fu avvertito che il figlio terrorista era stato chiamato in causa da Peci. Per cui si poneva il problema di come intervenire. Quanto bastava perché gli atti venissero trasmessi al presidente della Camera Nilde Jotti, come ordinò il procuratore Bruno Caccia. A Roma si occupò della questione la Commissione per i procedimenti di accusa. L'ipotesi era violazione del segreto per favorire la fuga del terrorista Marco Donat-Cattin. La Commissione ascoltò il padre, Sandalo e Cossiga. La proposta di mettere quest'ultimo a confronto con il senatore Donat-Cattin venne respinta con 11 voti contro 9. Con gli stessi voti la Commissione archiviò il caso. 394 tra deputati e senatori però, firmarono, superando di un terzo il quorum, affinché della vicenda si occupasse il Parlamento in seduta comune. Respinta la richiesta di un supplemento di indagini, il Parlamento bocciò la proposta di messa in stato d'accusa di Cossiga davanti alla Corte costituzionale con 535 voti contro 370. Caso chiuso.

Comunque sia, è certo che noi magistrati di Torino, inviando il fascicolo al Parlamento, non facemmo che il nostro dovere. Gli estremi per l'invio c'erano proprio tutti. Che poi gli elementi non siano stati considerati sufficienti in sede politica, è ovviamente un altro discorso. Vale la pena, al riguardo, riportare un estratto di una recente intervista (7 settembre 2007) che Francesco Cossiga, frattanto divenuto presidente emerito della Repubblica e quindi senatore a vita, ha rilasciato al giornalista del *Corriere della sera* Aldo Cazzullo.

> *Presidente Cossiga, nel libro scritto con Pasquale Chessa "Italiani sono sempre gli altri" (...) lei rivela di aver davvero avvertito Carlo Donat-Cattin che suo figlio Marco era un terrorista di Prima linea. Era il 1980. Lei era presidente del Consiglio, Donat-Cattin era il suo ministro del Lavoro e vicesegretario della Dc.*
> *«È così. Vennero da me Virginio Rognoni, che era il ministro dell'Interno, e Flaminio Piccoli, segretario della Dc. Patrizio Peci, il primo pentito del terrorismo, aveva cominciato a parlare. E aveva fatto il nome di Marco Donat-Cattin. Rognoni mi chiese: "Diglielo tu a Donat-Cattin, perché io non ci vado d'accordo"».*
>
> *E lei?*
> *«Presi su di me la grana. Verificai la notizia con il generale dalla Chiesa. E avvertii il mio ministro che suo figlio era ricercato. Va detto che non sapevo di quanti e quali reati si fosse macchiato il ragazzo; ignoravo che fosse nel gruppo*

che aveva assassinato il giudice Alessandrini. E chiesi a Donat-Cattin di dire al figlio di consegnarsi e raccontare tutto quanto sapeva».

Il padre come reagì?
«Scoppiò a piangere. Mi disse che non sapeva dove fosse suo figlio, ma sperava di entrare in contatto con lui attraverso un suo amico, un ragazzo che aveva aiutato a uscire dal giro, raccomandandolo per fare l'ufficiale degli alpini. Roberto Sandalo».

Lo ripeto: inviare gli atti al Parlamento era semplicemente doveroso. Ma se il caso, con la decisione del Parlamento, è chiuso per tutti, non lo è per me. Da allora, infatti, Cossiga me l'ha giurata. A occuparci della vicenda eravamo una dozzina, fra pm e giudici istruttori. Ma per Cossiga il "colpevole" (di che, poi?) era uno soltanto: Gian Carlo Caselli. E, a quanto pare, quest'atto di lesa maestà non ho ancora finito di pagarlo. Solo così, infatti, si spiega perché il presidente non perda occasione per rivolgermi pubblicamente attacchi provocatori e inconsistenti, spesso con astio e livore incontenibili. Ancora recentemente – in una memorabile puntata di *Porta a Porta* in cui si celebravano i 90 anni del senatore Andreotti – Cossiga ha invitato tutti gli italiani a prendermi «a calci nel culo», con una volgarità e una violenza che – ovviamente – il signor Bruno Vespa si è guardato dal contenere.

Non mi illudo che sia finita, ci sono ormai abituato. Ma finché ci vado di mezzo io, pazienza. Mi spiace di più quando ci vanno di mezzo altri. Un giorno – a mia insaputa – mia moglie (stanca di vedermi ingiustamente attaccato) gli scrisse una lettera con ricevuta di ritorno. Una lettera ferma, piena di rammarico ma assolutamente rispettosa dell'istituzione cui si rivolgeva. La ricevuta tornò indietro, evidentemente strappata a mano, in quattro pezzi, messi in una busta. Voglio sperare che la responsabilità di questa "insofferenza" non sia direttamente del presidente Cossiga, ma di qualche troppo solerte uomo dello staff.

Il caso Donat-Cattin ebbe però dei risvolti assai più inquietanti, perché i segretissimi verbali di Patrizio Peci, con tutte le sue rivelazioni sulle Br, comprese le parti in cui lui aveva raccontato del "piellino" (Roberto Sandalo), che a sua volta aveva chiamato in causa Marco Donat-Cattin, finirono sui giornali. In forma integrale il 3, 4 e 5 maggio 1980 su *Il Messaggero* (a firma Fabio Isman) e, in parte, il 7 maggio su *Lotta Continua*, dove mancavano però 5 fogli. In corrispondenza dei fogli mancanti *Lotta Continua* scrisse: «a questo punto nel verbale manca un foglio», salvo che per il foglio n. 50, quello di Marco Donat Cattin. Questa volta, con ironia, fingendo un refuso, scrisse: «manca un figlio». La pubblicazione dei verbali avrebbe potuto causare danni immensi alle indagini. Ho sempre pensato, inoltre, che potesse esservi sotto una qualche manovra per addossare alla magistratura torinese (magari proprio a me) la responsabilità della clamorosa e irresponsabile fuga di notizie. Fortuna volle che il capo dell'ufficio Istruzione di Roma Achille Gallucci (che aveva avuto copia dei verbali di Peci da noi redatti) avesse siglato ogni pagina del suo verbale con un segno a lui soltanto noto, così da poter riconoscere le copie che aveva dato – su sua regolare richiesta – all'allora vice capo dei Servizi segreti, Silvano Russomanno. E il verbale finito sulla scrivania di Fabio Isman – si scoprirà – era proprio quello consegnato da Gallucci a Russomanno, che – insieme a Isman – finì in carcere.

Intanto Marco Donat-Cattin venne intercettato a Parigi dagli uomini del generale dalla Chiesa, uno dei quali si appostò per giorni e giorni in metropolitana fingendosi suonatore ambulante di chitarra. Il suo nome di battaglia era "Trucido" (anche i carabinieri ne avevano uno, come i terroristi che combattevano, ma lo facevano per meglio tutelare la propria sicurezza). Nel febbraio 1981 il "comandante Alberto" venne arrestato ed estradato per i fatti specifici (in particolare omicidi) a lui addebitati, non anche per banda armata, reato che la Francia non riconobbe. In Italia Donat-Cattin – assistito da un principe del foro torinese, l'avvocato Vittorio Chiusano – si pentì e collaborò ampiamente.

Per chiudere, non posso non occuparmi di un altro senatore a vita, Giulio Andreotti.

«Senatore, io ho detto la verità. Lo faccia anche lei!». Questa una frase del confronto, svoltosi in una atmosfera molto tesa, fra un mafioso come Baldassarre Di Maggio, seppur pentito, e uno statista del livello di Giulio Andreotti. Di Maggio ribadiva il racconto dell'incontro tra il senatore a vita e Totò Riina. Naturalmente Andreotti negava ogni cosa. Nonostante alcune imprecisioni, tutto (o quasi) si svolse più o meno come raccontato dal film *Il Divo*. Anche se – con buona pace del regista Paolo Sorrentino e degli "spiritosi" sceneggiatori – non ho certo l'abitudine di incerarmi i capelli di lacca prima di un atto istruttorio.

Quando, nel gennaio 1993, mi insediai a Palermo, alcune indagini, che per certi profili porteranno anche alla iscrizione del senatore al registro degli indagati, erano già avviate. Se ne parlò fin dalla prima riunione con i colleghi. Mi venne riferito (insieme a mille altri argomenti) delle indagini sull'omicidio Lima e delle dichiarazioni di alcuni pentiti. C'era persino un pentito di nome Leonardo Messina ("gestito" dalla procura di Catanissetta) che sosteneva che l'ex presidente del Consiglio fosse *punciutu*, ossia – niente meno – ritualmente affiliato a Cosa nostra. Ma gli elementi allo stato esistenti non consentivano assolutamente di iscriverlo a registro. Ci fu poi una seconda riunione, qualcosa in più era emerso, ma non era ancora sufficiente. Soltanto alla terza, essendosi nel frattempo consolidato il quadro degli elementi a carico in forza di nuove o più complete acquisizioni, si decise di iscrivere Andreotti a registro e di chiedere al Senato l'autorizzazione a procedere, il 27 marzo 1993.

Del processo, conclusosi definitivamente il 9 aprile 2005, ci sarebbe poco da dire. Nel senso che chi vuole sapere sa, chi non vuole sapere, chi rifiuta la verità non lo si può assolutamente convincere. Diciamo una cosa soltanto: c'è una sentenza della Corte di Cassazione che conferma in via definitiva quella della Corte d'Appello di Palermo, nella quale si dichiara l'imputato, senatore Andreotti Giulio, responsabile del delitto di associazione a delinquere con Cosa nostra per averlo commesso (commesso!) fino al

1980. Fatti gravissimi, meticolosamente elencati e provati per pagine e pagine di motivazione, sfociano nel dispositivo ora citato.

Andiamo a rileggere un passo della sentenza della Corte d'Appello di Palermo del 2 maggio 2003 (poi confermata in Cassazione) che, a quanto pare, in pochissimi hanno letto e moltissimi non hanno mai voluto o potuto conoscere.

> «*I fatti che la Corte ha ritenuto provati in relazione al periodo precedente la primavera '80 dicono che il senatore Andreotti ha avuto piena consapevolezza che i suoi sodali siciliani intrattenevano amichevoli rapporti con alcuni boss mafiosi; ha quindi coltivato, a sua volta, amichevoli relazioni con gli stessi boss; ha palesato agli stessi una disponibilità non meramente fittizia, ancorché non necessariamente seguita da concreti consistenti interventi agevolativi; ha loro chiesto favori; li ha incontrati; ha interagito con essi; ha loro indicato il comportamento da tenere in relazione alla delicatissima questione Mattarella, sia pure senza riuscire, in definitiva, a ottenere che le stesse indicazioni venissero seguite; ha indotto i medesimi a fidarsi di lui e a parlargli anche di fatti gravissimi (come l'assassinio del presidente Mattarella) nella sicura consapevolezza di non correre il rischio di essere denunziati; ha omesso di denunziare le loro responsabilità, in particolare in relazione all'omicidio del presidente Mattarella, malgrado potesse al riguardo offrire utilissimi elementi di conoscenza. [...] Dovendo esprimere una valutazione giuridica sugli stessi fatti, la Corte ritiene che essi non possano interpretarsi come una semplice manifestazione di un comportamento solo moralmente scorretto e di una vicinanza penalmente irrilevante, ma indicano una vera e propria partecipazione all'associazione mafiosa apprezzabilmente protrattasi nel tempo. [...] Si deve concludere che ricorrono le condizioni per ribaltare, sia pure nei limiti del periodo in considerazione (cioè prima della primavera del 1980,* nda*), il giudizio negativo espresso dal Tribunale in ordine alla sussistenza del reato e che, conseguentemente,*

siano nel merito fondate le censure dei pubblici ministeri appellanti. Non resta, allora, che confermare – anche sotto il profilo considerato – il già precisato orientamento ed emettere, pertanto, statuizione di non luogo a procedere per essere il reato concretamente ravvisabile a carico del senatore Andreotti estinto per prescrizione».

Allora, si impongono alcune considerazioni. Andreotti, con notevole nostra sorpresa, dal momento che ritenevamo il quadro probatorio ampiamente sufficiente per una condanna, viene assolto in primo grado, sostanzialmente (anche se l'istituto tecnicamente non esiste più) per insufficienza di prove. Contro questa sentenza ricorre l'accusa, procura della Repubblica e procura generale. La Corte d'Appello accoglie il ricorso e ribalta il primo grado, trasformando l'assoluzione in riconoscimento di responsabilità, fino al 1980, per il reato di associazione a delinquere con Cosa nostra (reato commesso ma dichiarato prescritto); per il resto conferma l'appellata sentenza. Bene, contro tale sentenza questa volta non ricorre soltanto l'accusa – che vorrebbe un'affermazione di responsabilità anche dopo il 1980 – ma pure la difesa, perché evidentemente non la considera un'assoluzione. Ricorre per ottenere un'assoluzione vera (non spacciata come tale in favore di telecamere urlando: «E vai!»), senza peraltro rinunciare alla prescrizione, come avrebbe potuto fare. La Cassazione conferma in ogni sua parte la sentenza d'appello e condanna l'imputato al pagamento delle spese processuali.

Mi è capitato recentemente di sbirciare uno di quei polizieschi anni Settanta interpretati da Thomas Milian. Per convincere un amico, il commissario Giraldi urla: «Aò, quello che te sto a dì è cassazione!». Come a dire, non puoi dubitarne. Evidentemente ciò che vale per *Er monnezza* non vale per il resto del nostro Paese. Dunque «è cassazione» il fatto che, per un congruo periodo di tempo, il senatore Andreotti è stato colluso con Cosa nostra. Soltanto il decorso del tempo, cioè la prescrizione, ha determinato non una condanna – come altrimenti sarebbe stato – ma una sentenza di non doversi procedere.

Le parole sono pietre. Quelle della Corte d'Appello e della Cassazione dovrebbero rimanere scolpite nella memoria di un Paese, specialmente se parliamo di una persona che per sette volte è stata presidente del Consiglio. E invece no. Queste parole sono state sapientemente esorcizzate, stravolte, cancellate (salvo errori, neppure nelle riviste giuridiche, dove si pubblica di tutto e di più, vi è traccia delle sentenze del caso Andreotti, fatta eccezione per una rivista diretta dal professor Sergio Vinciguerra).

Le sentenze (emesse in nome del popolo italiano) vanno motivate affinché il popolo possa sapere per quali motivi si viene assolti o condannati, ma anche perché il popolo possa conoscere i fatti che stanno alla base dei motivi per cui una persona è chiamata a rispondere di determinate azioni di fronte a un tribunale. Qui il popolo è stato truffato. Dalla motivazione di tutte le sentenze – anche da quella di primo grado, che assolve per insufficienza di prove – emergono scambi di favori e, soprattutto, riunioni (per discutere di fatti criminali gravissimi) con capimafia del calibro di Stefano Bontade, provate dalle veridiche dichiarazioni di Francesco Marino Mannoia, testimone oculare di uno di questi incontri. Realtà sconvolgenti, consacrate da una sentenza passata in giudicato.

Sarebbe lecito – almeno – attendersi riflessioni, dibattiti, confronti, analisi. Sarebbe opportuno chiedersi cosa mai sia successo davvero in quella stagione. Su che cosa si sia basato, almeno in parte, il meccanismo del consenso nel nostro Paese.

Niente di tutto questo. Tutto è stato cancellato, nascosto. Se ne è parlato soltanto per stravolgere i fatti, da parte di tutti: autorevoli leader politici, illustri opinon maker, finanche vertici istituzionali. Dopo la cosiddetta "assoluzione" è stata una corsa alle telefonate di congratulazioni, alle pubbliche e stucchevoli attestazioni di stima.

Il massimo dell'improntitudine lo ha raggiunto il presidente della Commissione parlamentare antimafia Roberto Centaro che – all'indomani della sentenza della Corte d'Appello – ha dichiarato pubblicamente: «Il grande dibattito mediatico, che si è sovrapposto e ha sostituito il processo, ha seguito i ritmi della "analisi politica" (già sperimentata per la valutazione delle responsabilità per le stragi del 1992 e del 1993), pervenendo a un tentativo di condanna, o di attribuzione di mafiosità *malamente sbugiardato* (corsivo mio, *nda*) dalle pronunce giurisdizionali. Ciò ha comportato, comunque, l'insinuarsi di ombre e veleni. L'unico risultato è stata una crescente confusione nei cittadini e un senso di sfiducia nelle istituzioni, a fronte di affermazioni perentorie poi rivelatesi infondate in corso d'opera». Centaro ha visto un altro processo, vive in un altro mondo. La verità è fatta a brandelli.

E la sinistra non è stata da meno. Una forza politica che ha sempre fatto della "questione morale" un punto (apparentemente) fondante, non dico che della vicenda dovesse farne una bandiera, ma quanto meno discuterne. Invece l'ha a dir poco rimossa. Anna Finocchiaro, ad esempio, ha liquidato come «inutile perdita di tempo la discussione sulle vicissitudini giudiziarie del senatore Andreotti». Clemente Mastella, ministro della Giustizia, ha dichiarato che «invece di parlare della sentenza di Palermo, ad Andreotti bisognerebbe fare un monumento».

In questo Mastella è stato ampiamente soddisfatto. Dalla conclusione della vicenda processuale (ma in realtà ben da prima) è in corso un progressivo processo di santificazione mediatica di un senatore a vita colluso con la mafia fino al 1980, ma fatto passare per un perseguitato, vittima di un complotto, di una montatura politica, di una persecuzione decennale, di un doloroso calvario che ha dovuto faticosamente percorrere. Il tutto sotto la sapiente e sottile tessitura dello stesso Andreotti. Esaminare al rallentatore la sua regia processuale ed extraprocessuale è suggestivo. Ha cercato ed è riuscito – certamente grazie alla connivenza di molta politica e di molta informazione – a far passare in secondo piano i gravi fatti evidenziati dal processo, fino a cancellarli. Ha esibito se stesso in mille circostanze su un'infinità di media, cerimonie e manifestazioni, così rivitalizzando il profilo di un grande statista di prestigio internazionale, apprezzato da molti (Vaticano *in primis*). Fino a sfiorare la nomina alla presidenza del Senato, dopo essere stato designato per rappresentare l'Italia ai funerali di

Boris Eltsin. Senza disdegnare, nel contempo, incursioni da star nel mondo della pubblicità, facendo il testimonial della famiglia per la Chiesa cattolica o prestandosi, al fianco di una procace attrice, a promuovere una marca di cellulari.

Il risultato è stato una sorta di dilagante giudizio parallelo, nel quale il senatore ha cercato – riuscendoci – di offrire di sé un'immagine di altissimo profilo, incompatibile con le bassezze processuali rimestate da piccoli giudici. Anzi – verrebbe da dire – dentro le quali grufolavano piccoli giudici. Una strategia che ha pagato, perché ha trovato un'infinità di sponde, che hanno stravolto la verità, massacrando la logica e il buon senso.

Con una conseguenza e una constatazione. La prima è che parlare di assoluzione, anche a fronte delle gravissime responsabilità provate fino al 1980, non è solo uno strafalcione tecnico. Significa in realtà legittimare (per il passato, ma pure per il presente e il futuro) una politica che contempla anche rapporti organici col malaffare, persino mafioso. Per poi stracciarsi le vesti se non si riesce – oibò! – a sconfiggere la mafia. La constatazione è invece che la "falsificazione" dell'esito del processo è funzionale alla delegittimazione di coloro che ancora continuano a considerare doverose le indagini nei confronti di tutti, anche se potenti e protetti. Delegittimazione che nel caso mio non si è fatta mancare proprio nulla, arrivando a concepire e approvare una "legge *contra personam*", per estromettermi (modificando due volte le regole a partita aperta) dal concorso a procuratore nazionale antimafia, giustificando esplicitamente l'abuso col fatto che dovevo "pagare" il processo Andreotti: cioè un processo nel quale la Cassazione ha dato ragione, fino ai fatti del 1980, alla "mia" procura di Palermo.

Dopo tante parole sulle esperienze passate, qualche considerazione sull'oggi e sul domani. Gran parte della società appare impaurita, sconcertata, inquieta. Incerta di fronte al futuro perché lo considera difficilmente governabile, se non addirittura indirizzato verso derive pericolose. Proprio questa stagione consiglia radicalità nel presente. L'unico modo per non essere tiepidi, per essere realmente vivi, per sfruttare tutte le potenzialità.

Vivere il presente in quest'ottica significa evitare la tentazione di sviluppare logiche meramente difensive, barricati in solitudine nel passato. Cercando di consolarsi pensando che tanto non ne vale la pena, perché le cose – in un modo o nell'altro – finiscono sempre allo stesso modo. Oppure recriminando per le tante occasioni che oggi ci sembrano perdute.

L'occasione perduta dell'antifascismo, che sta diventando un taxi su cui salgono le persone anche più inaspettate, magari per interessi di parte. O, per quanto riguarda lo specifico del mio mestiere, l'occasione perduta di creare una giustizia davvero efficiente, capace di servire davvero la collettività, su tutti i versanti, quello dell'antimafia in particolare.

Altra tentazione che si può respingere con la radicalità del presente è pensare che il futuro non dipende da noi, che i giochi sono ormai fatti, irreversibilmente. Invece il futuro non è un domani esterno, ma un avvento che ci corre incontro. È proprio il presente, le scelte che facciamo oggi, a preparare il futuro. Quindi il futuro non è esterno a noi, è dentro di noi. Non ci deve essere spazio per la rassegnazione, l'indifferenza, il disimpegno, il riflusso, se non addirittura il trasformismo e l'opportunismo, che oggi nel nostro Paese vanno purtroppo diffondendosi.

Vivere il presente con radicalità significa anche essere capaci di critica argomentata e intelligente. Capacità di critica equivale a coraggio, forza di allontanare tutto ciò che è suggestivo, che seduce, ma di fatto distrae e porta (come vuole la propaganda interessata) fuori strada. Capacità critica significa allora saper rompere gli idoli della seduzione, l'idolo del consenso, l'idolo del potere, per lavorare invece a una comunità finalmente capace di rompere le ingiustizie. Ripartendo dalla Costituzione.

È difficile, ma possibile. Lo dimostrano ogni giorno i magistrati, i carabinieri e i poliziotti che nonostante tutto continuano a darci dentro. E che per quanto riguarda il contrasto dell'ala militare di Cosa nostra (con l'arresto prima di Riina, poi di Provenzano, fino ai Lo Piccolo) hanno saputo produrre risultati di una continuità che non ha assolutamente precedenti. Lo dimostrano ogni giorno i giovani di *Libera*, di *Acmos*, di *Flare* e di *Terra del Fuoco*, sigle che corrispondono a progetti di partecipazione e cittadinanza attiva realizzati con fatica e sacrificio e con risultati sempre più interessanti. Lo dimostrano i ragazzi palermitani di *Addio pizzo* e i loro coetanei di Locri. Lo dimostrano gli uomini e le donne che coltivano i terreni confiscati ai mafiosi, organizzati in cooperative che sono la materializzazione di un formidabile riscatto in termini di dignità e libertà. Lo dimostrano i ragazzi che gestiscono a Palermo, in piazza Politeama, o a Napoli, in via De Cesare, le "botteghe della legalità". Lo dimostrano le associazioni antiracket che – sul modello inventato da Tano Grasso – creano un po' ovunque reti di solidarietà capaci di contrapporsi allo strapotere mafioso. Lo provano gli industriali siciliani che (con il sostegno di Confindustria nazionale) hanno cominciato a dire dei no finalmente credibili alla vergogna del pizzo. Lo provano, proprio mentre scrivo, le migliaia di giovani che affollano le manifestazioni torinesi della "Biennale della democrazia". Tutte testimonianze (certo non le sole) che consentono di guardare al futuro anche con ottimismo.

Postfazione

di Marco Travaglio

Questo libro è una storia di famiglia, anzi di famiglie. La famiglia di Gian Carlo Caselli, costretta a vivere sotto scorta come lui fin dal 1974, cioè da trentacinque anni. La famiglia dell'ufficio Istruzione di Torino, cioè del primo *pool* d'Italia, quello antiterrorismo, fondato dal consigliere Mario Carassi e dal procuratore Bruno Caccia. La famiglia della procura di Palermo, che sotto la guida di Caselli rinverdì i fasti dell'altro storico *pool*, quello antimafia di Chinnici e Caponnetto, Falcone e Borsellino.

Ma questo libro è soprattutto un album di famiglia. La famiglia delle classi dirigenti italiane alle prese con i suoi tre figli naturali e deformi: il terrorismo, la corruzione e la mafia. Il primo fu combattuto e vinto, perché si era rivoltato contro i suoi padri: applausi ed encomi solenni ai magistrati e alle forze dell'ordine che lo combatterono e lo vinsero, con ampia delega in bianco. Il secondo e il terzo si finse di volerli combattere, illudendo i cittadini e mandando allo sbaraglio pochi magistrati, quasi "volontari", ai quali poi fu revocata la delega quando stavano per farcela. Perché la corruzione e la mafia erano figli legittimi, somiglianti ai loro padri come le gocce d'acqua.

La storia di Caselli, e di chi come lui ha attraversato in trincea la storia della magistratura degli anni Settanta, Ottanta, Novanta del secolo scorso e la prima decade del nuovo millennio, è tutta qui: bravissimo e onoratissimo quando ripuliva le strade dagli eversori rossi, e perfino quando liberava il campo dai *viddani* di Cosa nostra che avevano esagerato nella stagione delle stragi, mordendo la mano che li aveva nutriti e sputando nel piatto in cui avevano mangiato; incapace, politicizzato, fallimentare, golpista, aggiustapentiti, eversore quando alzava lo sguardo e il tiro sui piani superiori. Eppure Caselli è sempre rimasto Caselli. Buono o cattivo che fosse, sempre lo stesso. Eppure, per la politica e per l'informazione al seguito, anzi a rimorchio, diventava alternativamente bravo o cattivo a seconda del nome, del ceto, del censo, del titolo di studio e del grado sociale dell'imputato che gli capitava a tiro.

Questo libro è la storia di una sconfitta. Meravigliosa, come quasi tutte le sconfitte. Ma sconfitta. La storia del tradimento di uno Stato che ha consumato i suoi uomini migliori, li ha usati, li ha spremuti, poi li ha gettati via. Molti degli amici del Caselli degli anni Settanta e Ottanta si sono dileguati negli anni Novanta e seguenti, quando la battaglia politica s'è fatta dura, quando s'è trattato di mantenere dritta la schiena dinanzi alle lusinghe e alle minacce del regime berlusconiano e dei suoi finti oppositori, insomma di scegliere fra l'articolo 3 della Costituzione e tutto il resto.

Basta leggere il capitolo sui nostri due preclari senatori a vita, Cossiga e Andreotti, noti statisti all'italiana, per farsi un'idea del rapporto congenitamente malato fra le prassi istituzionali e i valori costituzionali.

Credo sia per questo che Caselli, anche se non l'ammetterà mai, ha deciso di rifiutare candidature e occasioni per qualche dorato buen retiro, e di restare magistrato fino alla fine. Per non darla vinta ai nemici dell'articolo 3 della Costituzione, che suona sempre più come una battuta di spirito. E lo diventerebbe anche nella realtà, una barzelletta o poco più, se anche gli ultimi rimasti a crederci davvero mollassero la presa e gettassero la spugna. Non so quanti altri avrebbero retto all'onda d'urto che l'ha massaggiato negli ultimi 15 anni, fra veleni vomitati da killer catodici, bombardamenti parlamentari, silenzi vigliacchi, insinuazioni e distinguo da azzeccagarbugli, calunnie ammantate di "equilibrio" e "riformismo", leggi *ad personam* anzi *contra personam* per impedirgli financo di concorrere a un posto che gli spettava di diritto, quello di procuratore nazionale antimafia. Persino un bravo regista come l'artefice del bel film *Il Divo* non ha resistito alla tentazione di mettersi *à la page* lanciandogli uno schizzettino di fango, quella scena ripetuta della lacca sul ciuffo bianco prima degli interrogatori dei mafiosi.

Non so, di preciso, perché Gian Carlo e Stefano Caselli abbiano deciso di scrivere questo libro. So però che cosa mi auguro io, dopo averlo letto. Mi auguro che questa storia amara finisca in mano a tanti giovani magistrati, che stanno decidendo in questi mesi che tipo di magistrati essere e dover essere: si stanno domandando, cioè, se sia più conveniente cedere ai bastoni e alle carote del potere e dimenticarsi una volta per tutte l'articolo 3 della Costituzione, per garantirsi una carriera serena e sicura, al riparo da grane e fastidi, assecondando il conformismo sempre più dilagante anche nella corporazione togata; o se invece fare come Caselli e tanti altri servitori dello Stato raccontati in questo libro (chi ricorda più, per esempio, Galli e Alessandrini?), per cercarsi qualche guaio e andare incontro a qualche sconfitta. Ma mi auguro soprattutto che questo libro cada in mano a qualche studente in giurisprudenza, che si domanda se valga ancora la pena fare il magistrato, e farlo così. Le storie di sconfitti e di sconfitte raccolte in questo libro dicono che sì, ne vale ancora la pena. Oggi più che mai. Oggi come alla fine degli anni Sessanta, quando una nuova generazione di magistrati (e Caselli fra questi) si affacciò nelle Procure e nei tribunali, ne spalancò le finestre, e spazzò via le muffe, le puzze, le tarme e le sabbie di un potere giudiziario che, omologato agli altri poteri, non s'era mai accorto dell'articolo 3 della Costituzione. Durò un quarto di secolo, la primavera giudiziaria. Poi fu spazzata via da quello che Roberto Scarpinato ha chiamato «il ritorno del Principe». È il momento che una nuova generazione in toga si rimetta all'opera, ripartendo ancora una volta da quel fatidico articolo 3. Facendo tesoro, per citare Gherardo Colombo, del «vizio della memoria». Anche a partire da questo libro.

Dello stesso Editore

Giovanni La Torre, *Il grande bluff*, prefazione di Curzio Maltese, 2009

Alberto Marcheselli, *Magistrati dietro le sbarre*, 2009

Nando dalla Chiesa, *Poliziotta per amore*, 2009

Giuseppe Civati, *Regione straniera*, prefazione di Nando dalla Chiesa, 2009

Riccardo Orioles, *Allonsanfan*, 2009

Claudia Mauri, *Tutte le donne del Presidente*, 2009

Gianni Barbacetto, *Se telefonando*, prefazione di Roberto Scarpinato, 2009

Lidia Ravera, *La donna gigante*, 2009

Enrico Deaglio – Beppe Cremagnani – Mario Portanova, *Governare con la paura*, 2009

Sergio Zabot – Carlo Monguzzi, *Illusione nucleare*, prefazione di Ermete Realacci, 2008

Carlo Brambilla, *L'infiltrato*, 2008

Raffaele Sardo, *La Bestia,* prefazione di Roberto Saviano, 2008

Mario Portanova, *Inferno Bolzaneto*, prefazione di Giuliano Pisapia, 2008

Roberto De Monticelli, *Inviato speciale*, 2008

Claudia Mauri, *Come diventare gay in cinque settimane*, 2008

Franco Stefanoni, *Il finanziere di Dio*, 2008

Giampiero Rossi – Simone Spina, *I boss di Chinatown*, introduzione di Nando dalla Chiesa, 2008

Mauro Colombo, *Cent'anni da interisti*, prefazione di Beppe Bergomi, 2008

Giorgio Strehler, *Nessuno è incolpevole*, 2007

Massimo Arcidiacono, *Lo chiamavano Giacinto*, 2007

Nando dalla Chiesa, *Delitto imperfetto*, 2007

Vito Bavaro, *Dei diritti e delle pene*, prefazione di Giorgio Galli, 2007

Franco Stefanoni, *Il codice del potere*, 2007

Andrea Riscassi, *Bandiera arancione la trionferà*,
prefazione di Pietro Marcenaro, 2007

Laura Maragnani – Isoke Aikpitanyi, *Le ragazze di Benin City,* 2007

Lella Costa – Maurizio Carrara, *Ho abbracciato il dugongo,* 2006

Nando dalla Chiesa, *Le ribelli*, 2006

Diego Novelli, *Com'era bello il mio Pci*, 2006

Pier Michele Girola – Gian Luca Mazzini – Alberto Picci,
Sistema Juventus, 2006

Nando dalla Chiesa, *Quattro a tre*, 2006

Rita Borsellino, *Nata il 19 luglio*, 2006

Salvatore Grillo, *via Bocconi 12*, 2006

Bruno Vecchi, *Non lo fo per piacer mio*, 2006

Chiara Acciarini – Alba Sasso, *Prima di tutto, la scuola,*
prefazione di Tullio De Mauro, 2006

Nando dalla Chiesa, *vota Sìlviolo!,* 2005

Mario Consani, *Foto di gruppo da Piazza Fontana,*
prefazione di Dario Fo, 2005

Gian Carlo Caselli, *Un magistrato fuori legge*, 2005

Luigi Ferro – Giampiero Rossi, *Le memorie di Adriano*
(*quello vero*)*,* prefazione di Roberto Vecchioni, 2005

Enzo Gentile, *Legata a un granello di sabbia,*
prefazione di Gianni Mura, 2005

Livia Pomodoro, *A quattordici smetto,* 2005

Lidia Ravera, *In fondo, a sinistra...*, 2005

Nando dalla Chiesa, *La fantastica storia di Silvio Berlusconi*, 2004

Finito di stampare
nel mese di dicembre 2009
presso le Grafiche Granata srl - Rozzano (MI)